# 머니 프레임

돈을 바라보는 새로운 관점

# 머니 프레임
## 돈을 바라보는 새로운 관점

신성진 지음

천그루숲

Your Money Story is Your Life Story.

우리가 살아가는 모습을 '돈'이라는 프레임을 통해 살펴보면, 벌고 쓰고 불리고 나누면서 살아간다. 어떻게 돈을 벌고, 무엇을 사고, 어디에 투자하고, 누구와 나누고 사는지가 곧 '당신의 인생 스토리'다. 멋진 인생 스토리를 살아가려면 멋진 머니 스토리를 만들어야 한다. 그 시작은 '건강한 머니 프레임'을 갖는 것이다.

하지만 많은 사람들은 자신의 머니 프레임에 대해 잘 모르는 상태에서 잘못된 선택과 후회를 반복하면서 힘들어 한다. 해결책을 찾고 싶지만 코칭과 훈련을 받을 수 있는 공간도 사람도 만나기 어렵다.

그런 도움이 필요한 사람들에게 '머니 프레임'이라는 개념을 소개하고, 건강한 머니 프레임을 통해 멋진 인생 스토리를 만들어 가려고 할 때 알아야 할 지식들과 필요한 코칭 포인트들을 제공하기 위해 《머니 프레임, 돈을 바라보는 새로운 관점》이 탄생했다.

이 책은 크게 세 파트로 구성되어 있다.

Part 1 '머니 프레임, 돈을 바라보는 마음의 창'에서는 머니 프레임이 무엇이고, 왜 돈에 대해 공부해야 하는지, 돈에 대한 나의 프레임은 어떻게 만들어졌는지에 대해 정리했다. 경제적 자유를 얻기 위해서는 돈에 대한 나의 생각을 먼저 이해하는 것에서 시작해야 한다.

Part 2 '돈을 이해하는 4가지 머니 프레임'에서는 벌고 쓰고 불리고 나누는 4가지 머니 프레임을 살펴보고, 돈 공부를 통해 우리가 얻을 수 있는 '건강한 머니 프레임'과 '돈을 다룰 줄 아는 역량'에 대해 알아본다. 벌기, 쓰기, 불리기, 나누기 영역에서 돈을 끌어들이는 건강한 머니 프레임은 어떤 것인지, 돈을 다루는 역량은 무엇이고 어떻게 키울 수 있는지 정리해 보았다.

Part 3 '행복한 부자들의 5가지 머니 프레임'에서는 경제적 자유를 만들기 위해 필요한 마인드와 행복한 부자들의 머니 프레임은 무엇인지 소개한다.

오랜만에 책을 내면서 조그만 기대를 가져본다. 이 책을 통해 독자들이 돈에 대한 발견의 기쁨과 실행의 감격을 느낄 수 있었으면 좋겠다. 이 책을 읽고 돈 문제에서 벗어났다고, 점점 부자가 되어간다고 연락해 오는 분들이 한 분 한 분 늘어가기를 기대한다. 돈 공부를 제대로 시작하고 싶은 사람들이 이 책을 읽고 돈의 다양한 속성을 이해하고 돈을 다룰 줄 아는 역량을 키울 수 있기를 기대한다.

쉽고 재미있게 돈 이야기를 풀어놓으려고 한다. 즐기면서 지혜를 얻고 함께 공부하면서 경제적 자유를 만들어 갔으면 좋겠다.

감사한 분들이 참 많다. NPTI연구원 정우식 원장님은 책과 강의를 통해 고민하던 것들에 대한 방향을 찾을 수 있게 도와주었다. 원고를 검토하면서 고생한 천그루숲 백광옥 대표는 내가 생각했던 것보다 늘 더 좋은 책을 만들어 주었다. 이 책의 많은 콘텐츠가 제대로 정리될 수 있도록 같이 공부하고 도와준 김선영, 김희영, 심명순, 정주연, 구경회 등 한국재무심리센터의 많은 선생님들, 부족한 부분을 채워준 박상훈, 이일영, 박소연 등 많은 재무전문가들에게 항상 빚을 지고 있다.

그리고 늘 응원해 주고 지적해 주는 나의 파트너 이혜진, 우왕좌왕하는 아빠의 원고에 뼈 때리는 비판과 멋진 일러스트로 함께 해준 큰아들 영빈과 둘째 한빈에게도 고마운 마음을 전한다.

이 책에 나오는 나눔의 공식은 필자가 짧지 않은 인생을 살아오면서 절감한 내용들이다. 그 공식처럼 다양한 나눔을 베풀어 주신 많은 분들께 꼭 보답할 것을 약속드린다.

신성진 드림

# 차례

## Part 1 _ 머니 프레임, 돈을 바라보는 마음의 창

### 1장  가난을 넘어 경제적 자유로!

### 2장  나의 머니 프레임

# Part 2 _ 돈을 이해하는 4가지 머니 프레임

## 1장 [벌기] 소비와 투자보다 '돈 벌기'가 먼저다

## 2장 [쓰기] 쓰는 능력 키우기

# Part 3 _ 행복한 부자들의 5가지 머니 프레임

# 부와 가난을 결정하는 머니 프레임

어느 수도승이 수도원장에게 이렇게 물었다

"기도할 때 담배를 피워도 되나요?"

수도원장은 화를 내면서 이렇게 말했다.

"그걸 말이라고 하나? 그건 하나님에 대한 모독이야!"

그 이야기를 듣고 있던 다른 수도승이 수도원장에게 이렇게 물었다.

"담배를 피울 때 기도해도 되나요?"

이 질문에 수도원장은 이렇게 대답했다.

"물론이지. 하나님은 언제 어디서나 우리 기도를 들으시니까!"


이 이야기는 프레임을 설명할 때 많은 사람들이 자주 하는 농담 중 하나이다. 하지만 이 농담은 가볍지 않은 지혜를 담고 있다. 똑같은 상황이지만 어떤 관점에서 상황을 바라보느냐에 따라 전혀 다른 평가를 한다는 것을 보여주기 때문이다.

이처럼 사물과 세상을 이해하는 체계를 '프레임'이라고 한다. 《코끼리는 생각하지 마》의 저자 조지 레이코프 교수는 '프레임이란 우리가 세상을 바라보는 방식을 형성하는 정신적 구조물이다'라고 정의했다. 쉽게 표현하자면 '마음의 창' '인식의 틀'이라고 할 수 있다.

집 안에서 밖을 바라볼 때 창을 통해 바라보는 것처럼 사람은 누구나 자신의 프레임을 통해 세상을 이해한다. 자신의 창으로 보이는 것이 진실이라고 생각한다. 마치 장님 코끼리 만지기와 비슷하다.

## 머니 프레임(Money Frame)

사람들은 누구나 자신만의 프레임을 가지고 있고, 그 프레임을 통해 같은 세상을 다르게 이해하고 그 이해에 따라 다르게 행동한다. 어떤 사람은 세금을 '폭탄'이라고 말하고, 어떤 사람은 세금을 '투자'라고 말한다. 세금을 나쁜 것이라고 보는 사람은 '세금 폭탄'이라고 하며 폭탄을 제거해야 한다고 말한다. 하지만 정당한 세금은 내야 하고 세금으로 정부가 국가와 사회를 위해 다양한 복지를 할 수 있다고 하는 사람은 '세금은 투자'라고 말한다. 이처럼 돈과 관련된 다양한 사건이나 상황들에 대해 인식하는 틀을 '머니 프레임'이라고 한다. 프레임이 사람마다 다른 것처럼 머니 프레임도 사람마다 다르다.

우리에게 익숙한 몇 가지 머니 프레임이 있다. 가장 익숙한 머니 프레임은 '개미와 베짱이' 프레임이다. 이 프레임은 부자들은 열심히 일을 해서 부자가 되었고 가난한 사람들은 게을러서 가난하다고 생각하는 것이다. 가난한 사람들의 가난에 대한 책임은 자신들이 스스로 져야 하고, 이들을 돕기 위해 복지예산을 늘리는 것을 반대한다. 기회가 공평한 자본주의 사회에서 열심히 하면 누구나 부자가 될 수 있다고 말한다.

또 우리 모두가 알고 있는 프레임 중 가장 안타까운 것은 '금수저 흙수저' 프레임이다. 많은 젊은이들은 '흙수저' 프레임을 가지고 있다. 그들은 어차피 흙수저로 태어난 현실에서 열심히 살려고 노력하는 것은 별 의미가 없다고 생각한다. 금수저가 아닌 부모를 원망하고 금수저가 될 수 없는 현실을 비난한다.


## 부와 가난을 결정하는 머니 프레임

프레임은 인식의 틀이기도 하지만 문제해결의 틀이기도 하다. 앞에서 살펴본 것처럼 어떤 프레임을 가지느냐에 따라 선택하는 해결책이 다르다.

'개미와 베짱이' 프레임을 가지고 있는 사람은 부자가 될 수 있는 길을 '성실함'으로 제한하고 가난한 사람들에 대해 안타까워 하는 마음이 없다. '금수저 흙수저' 프레임을 가지고 있는 사람은 부자를 꿈꾸지 않는다. 문제는 이렇게 하나의 프레임에 빠져 있으면 프레임 밖에 있는 해결책을 거부한다는 것이다. 그래서 결국 어떤 머니 프레임을 가지고 있는지가 그 사람의 재무행동을 결정하고, 그 재무행동에 따라 부와 가난이 결정된다.

# 당신의 머니 프레임을 수정하라

부자들은 '부자의 머니 프레임'이 있고 가난한 사람들은 '가난한 머니 프레임'이 있다. 여기서 문제는 자신이 보고 있고 자신이 아는 맥락 속에서만 돈을 바라보면 늘 한계에 부딪힌다는 것이다. 착하고 능력 있고 성실한 사람들이 가난한 머니 프레임에 갇혀 힘들어 하는 모습을 자주 본다. 가난한 머니 프레임을 바꾸지 않으면 가난한 현실을 변화시키기 어렵다. 그렇다면 머니 프레임은 바꿀 수 있을까? 바꿀 수 있다면 어떻게 하면 되는 걸까?

머니 프레임은 경험과 환경의 영향을 받아서 형성된다. 살아오면서 경험한 다양한 경제적 사건들과 그것에 대한 반응들이 머니 프레임을 구성한다. 어릴 때부터 겪어 왔던 부모들의 생각과 태도, 언어에 영향을 받는다. 그래서 머니 프레임을 바꾸는 것은 쉬운 일이 아니다. 하지만 지금까지 살면서 갖게 된 자신의 프레임을 계속 고집한다면 문제해결 방법도 그 프레임 속에 갇히게 된다. 결국 아무런 변화도 만들어 내지 못한다.

모든 프레임은 일면의 진실을 보여준다. '개미와 베짱이' 프레임도, '금수저 흙수저' 프레임도 돈에 대한 진실, 돈의 본질을 드러낸다. 하지만 그것이 돈의 모든 것을 가르쳐주지는 않는다.

나의 프레임에서 벗어나 다른 프레임을 통해 돈을 볼 수 있어야 한다. 코끼리의 꼬리만 만져보고 코끼리에 대해 이야기하는 것에서 벗어나 코끼리 귀에 대해 얘기하는 사람, 코끼리 코에 대해 얘기하는 사람들의 이야기를 들어봐야 한다. 그래야 코끼리의 전체적인 모습을 볼 수 있다.

이 책을 통해 당신이 가지고 있는 머니 프레임이 어떤 것인지 알 수 있었으면 좋겠다. 또 부자들의 머니 프레임을 살펴보면서 나는 무엇을 바꾸어야 할지, 어떻게 바꿀 수 있는지 알 수 있었으면 좋겠다. 그래서 돈에 대한 건강하고 균형 잡힌 프레임을 가질 수 있기를 바란다.

머니 프레임을 바꾸면 당신은 당신의 재무행동을 바꿀 수 있고, 당신의 재무상황을 변화시킬 수 있다. 모든 사람들의 꿈과 희망인 경제적 자유는 머니 프레임의 변화에서 시작된다. 자, 이제 그 멋진 여행을 함께 떠나보자.

# Part 1
## 머니 프레임,
## 돈을 바라보는 마음의 창

1장

---

# 가난을 넘어 경제적 자유로!

이해할 수 없는 가난에 허우적대며 돈의 늪에 빠져있는 대한민국!
우리가 왜 그 늪에 빠져있는 것인지 살펴보고, 그 늪에서 빠져나오기 위해서는 무엇을 해야 하는지 알아보자.
가난을 넘어 경제적 자유로 가기 위해 우리는 돈에 대해 공부해야 하고, '가난한 머니 프레임'을 버려야 한다.

# 돈 공부가 필요한
# 3가지 이유

한 번 걸리면 벗어나기 힘든 덫에 걸린 것처럼, 몸부림치면 칠수록 더 빠져드는 늪에 빠진 것처럼, 모든 것을 빨아들이는 블랙홀에 빨려 들어가는 것처럼 지금 대한민국은 돈 문제에 빠져 허우적대고 있다. 교육, 주택, 은퇴 같은 미래의 큰 문제뿐만 아니라 취업, 연애, 결혼, 출산과 같이 지금 눈앞에 닥친 삶의 영역에서도 돈은 가장 큰 문제이자 중요한 기준이 되었다.

　우리는 항상 열심히 살고 있고, 우리가 사는 동안 대한민국은 계속 성장해 왔는데 왜 지금 우리는 돈 문제에 빠져 헤어나오지 못하고 있는 걸까?

## 빚 때문에 점점 가난해지는 우리들

1998년 IMF 외환위기 이전에 대한민국 국민들은 대부분 자신을 '중

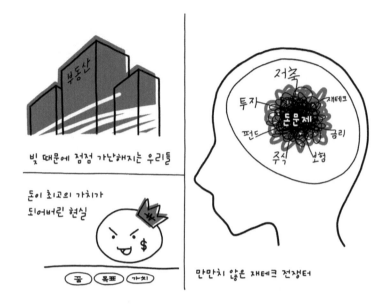

빚 때문에 점점 가난해지는 우리들

돈이 최고의 가치가
되어버린 현실

만만치 않은 재테크 전쟁터

산층'이라고 생각했다. 그런데 20년이 지난 지금, 우리는 경제적으로
훨씬 풍요로운 시대에 살고 있지만 스스로를 중산층이라고 생각하지
않는다. 지난 20년간 한국 경제는 계속 성장해 왔는데 이상하게도 우
리는 지금 더 가난하다고 느끼고 있다.

결론부터 말하면 우리의 가난은 빚과 함께하고 있기 때문이다.
2013년 말 가계부채가 1,000조원을 넘었고, 7년이 지난 2020년 4월
에는 1,600조원을 넘어섰다. 그리고 실제로 나와 우리 주변을 보면
금융회사에, 사채업체에, 지인들에게 빚을 지고 있고, 이 빚은 점점
늘어나고 있다.

열심히 사는데 우리의 빚이 이렇게 계속 늘고 있는 이유는 무엇일
까? 안타깝게도 우리는 '수입의 한도 내에서 행복하게 사는 능력'을

잃어버렸기 때문이다. 부족한 부분, 결핍으로 느끼는 부분들을 카드로, 할부로 채워나간다. 이 결핍은 자녀교육 문제이고, 자존감 문제이고, 관계의 문제이고, 생존의 문제이며, 사람마다 그 원인은 다 다르다. 하지만 빚이 늘고 있다는 결과는 비슷하다.

그럼, 이러한 현실을 벗어나기 위해 우리는 무엇을 해야 할까? 과거에 비해 수입과 자산은 확실히 늘었지만 빚과 가난한 마음은 더 커져버린 우리의 현실을 이해하는 것에서 변화는 시작되어야 한다. 더 많이 벌고 자산이 더 많아져야 하지만 그것만으로 돈 문제가 해결되지 않는다. 돈을 관리하고 통제하는 힘을 갖기 위해 우리는 먼저 돈에 대해 공부하면서 '나의 머니 프레임'을 알아야 한다.


## 돈이 최고의 가치가 되어버린 현실

초등학교 교실에서 '직업'을 주제로 수업을 하다 아이들에게 물었다.

"세상에는 여러 가지 직업들이 많은데, 그중에 어떤 직업을 가지고 싶어?"

아이들은 의사, 변호사, 사업가에서 시작해 가수, 연예인, 운동선수, 건물주, 유튜버 등 다양한 직업들을 말했다. 그 답을 듣고 아이들에게 다시 물었다.

"왜 그 직업을 가지고 싶어?"

아이들은 이렇게 대답했다. "돈 많이 벌잖아요!"

나는 이 답을 들었을 때 머리를 한 방 맞은 것 같았다. 아이들에게 꿈과 직업 선택의 기준이 '돈'이라는 사실에 깜짝 놀랐기 때문이다.

그날 집에 돌아와 이런 상상을 해보았다. 내가 어릴 적 초등학교 수업시간에 앉아 있는데 선생님이 똑같은 질문을 했다면 우리는 무엇이라고 대답했을까? 의사, 판사, 사업가, 경찰에서 운동선수까지 다양하게 대답했을 것이다. 그리고 "왜 그 직업을 가지고 싶어?"라고 물었다면 우리는 이렇게 답했을 것이다.

"의사가 되어 아픈 사람 고쳐주고 싶어요!" "경찰이 되어 나쁜 놈 잡고 싶어요." "부자가 되어 가난한 사람들 도와줄 거예요."

분명 지금의 아이들과는 직업 선택의 기준이 달랐을 것이다.

지금 우리 아이들은 돈 많이 버는 직업을 가지기 위해 밤늦게까지 학원에서 공부하고 있다. 그렇게 공부한 아이들이 좋은 대학을 나와 대기업에 취직하고, 의대에 진학해 의사가 되고, 오랫동안 공시를 준비해 공무원이 된다. 그렇게 그 꿈을 이루고 나면 안전(?)하게 불행해진다. 가슴 아픈 현실이다.

그렇다면 아이들은 왜 이런 생각을 가지게 되었을까? 지금의 현실에서 부모, 교사, 이 시대의 문화와 미디어가 모두 한 목소리로 '돈이 가장 중요하고, 돈이 유일한 가치 척도'라고 말하고 있기 때문이다. 이것이 이 시대를 살아가는 지금, 우리가 공유하고 있는 머니 프레임인 것이다.

물론 우리는 내심 '돈이 모든 문제를 해결해 주지 않는다'는 사실, 그리고 '돈보다 중요한 것이 많다'는 사실을 알고 있다. 하지만 우리가 알고 있는 것과 달리 우리의 마음은 '돈이 최고!'라고 외치고 있다.

이런 현실에서 돈과 건강한 관계를 맺으려면 돈의 속성을 제대로 이해하고 돈에 대해 가지고 있는 잘못된 프레임을 바꾸어야 한다. 그래서 돈 공부가 필요하다.

## 만만치 않은 재테크 전쟁터

큰 사고 치지 않고 꼬박꼬박 저축만 하면 집을 살 수 있고, 애들이 크는 거에 맞춰 이사를 하면 큰 문제없이 집 평수와 함께 부의 크기도 함께 커지던 시절이 있었다. 돈을 불리기 위해 펀드, 주식, 파생상품 등에 대해 고민할 필요없이 안전한 은행에 돈을 맡기면 10%에 달하는 이자를 주던 때가 있었다. 돈 공부가 필요 없던 시절이었다.

하지만 지금의 재테크 전쟁터는 그리 만만치 않다. 은행 이자는 2%를 넘지 않고, 1%대 이자에 만족할 수 없는 사람들은 조금이라도 더 이자를 받으려고 금리파생상품인 DLF, DLS에 투자했다가 원금의 대부분을 날리기도 한다. 또 세계는 점점 연결되어 우리가 아무런 잘못도 하지 않았는데 미중 무역갈등으로 피해를 보고, 한일 무역분쟁으로 다양한 아픔들을 겪고 있다. 난데없이 발생한 코로나 바이러스의 경제적 충격은 상상을 초월한다.

나와 아무런 상관이 없는 일이라면 눈 감고 살 수도 있겠지만 내가 가지고 있는 저축, 보험, 연금 등 많은 것들이 실물경제와 복잡하게 연결되어 있고, 점점 더 다양한 금융상품과 운용방법들이 생겨나고 있다. 물론 그렇다고 해서 우리가 전문가들처럼 세계 금융환경 변화를 꿰뚫고 있거나, 다양한 투자이론을 알 수 있는 것도 아니다. 하지만 최소한 내가 투자하는 상품이 어떤 상품이고 어떤 위험이 있는지 정도는 이해할 수 있는 지식이 필요하다. 그게 싫다면 안전한 은행을 이용할 수밖에 없는데 1%대의 이자는 실제로 어떤 도움도 되지 않는다.

결국 돈을 모으려면 은행 중심, 안전성 중심의 프레임에서 벗어나야 한다. 그래야 해결책을 찾을 수 있다. 이때 실수하지 않기 위해, 위험을 줄이기 위해 돈 공부가 필요한 것이다.

소득과 생활수준은 높아지지만 우리는 시간이 지날수록 가난해지고, 돈은 점점 중요해지는데 돈을 다루기는 점점 더 어려워지고 있다. 그래서 많은 사람들이 돈 때문에 힘들어 한다. 그럼, 이러한 돈 문제를 어떻게 풀어야 할까?

문제를 풀려면 우선 공부를 해야 한다. 문제 풀이에 필요한 공식도 이해해야 하고, 공식만으로 풀 수 없는 문제는 고민도 좀 해봐야 한다. 다행히 돈 공부는 생각보다 그리 어렵지 않다. 모두가 답을 가지고 있는 것은 아니지만 누구나 풀 수 있다. 이제 그 문제를 함께 풀어가 보자.

# 돈에 대해
# 알아야 할 것들

## 돈 공부의 내용은 크게 두 가지다

첫째는 돈에 대한 인식의 틀인 머니 프레임을 이해하고, 우리의 생각을 부자의 머니 프레임으로 바꾸는 것이다. 사람들은 저마다 돈에 대한 생각과 태도가 다르다 보니 먼저 타인과는 다른 자신의 머니 프레임을 이해하는 것이 필요하다. 그러기 위해 머니 프레임에 대한 공부가 필요하다.

둘째는 돈을 다룰 줄 아는 구체적인 역량을 키우는 것이다. 벌고 쓰고 불리고 나누는 네 가지 영역에서 실제로 돈을 다루는 역량을 키워야 한다. 더 많이 벌기 위해서, 더 지혜롭게 쓰기 위해서, 더 효과적으로 불리기 위해서, 그리고 적절하게 나누기 위해서 돈 공부를 해야 한다. 그래야 균형 있는 생각과 태도를 계속 유지할 수 있다.

구체적인 내용들은 각 장에서 풀어내겠지만 여기서는 먼저 돈에 대한 생각과 태도를 결정하는 머니 프레임이 무엇이고, 어떻게 해야 건강한 마인드를 키울 수 있는지, 돈을 잘 다루는 데 필요한 역량이 무엇이고 어떻게 해야 키울 수 있는지에 대해 간단하게 정리해 보자.

## 건강한 머니 프레임이 필요하다

2018년 한국FP학회는 〈재무심리와 코칭〉이라는 주제로 포럼을 진행했고, 2019년 한국심리학회 학술대회 주제는 〈돈의 심리학〉이었다. 과거에는 숫자로 표현되는 부의 크기나 자산 구성을 살펴봄으로써 돈 문제의 원인과 해결책을 찾았지만 이제는 사람과 심리 중심으로 돈 문제의 원인과 해결책을 찾는 방향으로 진화·발전하고 있다.

우리는 종종 가난하게 살아오면서 자신의 전 재산을 기부하는 훌륭한 할머니들의 선행을 접하곤 한다. '먹고 싶은 것 다 먹으면서 어떻게 남을 도와요!'라는 할머니의 인터뷰를 보면서 대단하신 분이라고 생각을 하지만 '나는 과연 저렇게 살 수 있을까?'라는 생각이 드는 것도 사실이다. 그리고 때로는 참 훌륭하신 분이지만 자신의 삶도 좀 즐기면서 행복하게 사셨으면 어떨까 하는 생각이 들기도 한다.

전혀 다른 뉴스도 종종 접한다. 상속문제 때문에 칼부림을 하고 평생 원수가 되는 가족들의 이야기도 심심찮게 들려오고, 돈에 대한 욕심 때문에 우리로서는 도저히 이해할 수 없는 행동을 하는 재벌가의 다툼들도 있다.

그리고 뉴스에는 나오지 않지만 우리 주변에서도 이해하기 힘든 모습들을 본다. 가진 것도 별로 없으면서 늘 모이면 자신이 계산하려는 사람이 있고, 여유가 있는데도 불구하고 계산할 시간이 되면 화장실을 가거나 신발 끈을 고쳐 매며 한참 시간을 보내는 사람도 있다.

이처럼 사람들마다 돈과 관계를 맺는 모습을 보면 그 이유와 원인만큼이나 다양하다. 그리고 그것은 서로 다른 환경과 경험 속에서 돈에 대한 다른 프레임을 가지게 되었기 때문에 발생한다.

직업, 소비, 저축과 투자, 기부 등 돈과 관련된 행동들은 모두 돈에 대한 프레임이 만들어 낸 결과다. 그래서 우리는 자신의 돈 문제를 해결하려고 할 때 자신의 머니 프레임, 즉 돈에 대한 인식의 틀과 문제해결의 틀을 먼저 살펴봐야 한다. 그래야 스스로를 이해하고 변화를 만들어 낼 수 있다.

이때 돈을 바라보는 가장 기본적인 프레임은 '벌기' '쓰기' '불리기' '나누기' 네 가지 영역으로 나누어 보는 것이다. 막연하게 '돈'이라고 추상적으로 생각하는 것이 아니라 벌기, 쓰기, 불리기, 나누기 중 어떤 영역에 있는 것인지를 기반으로 돈을 바라보면 적절한 해결책을 찾을 수 있다.

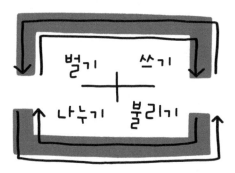

# 돈을 다루는 역량을 키워야 한다

돈을 다루는 역량도 돈의 기본적인 프레임인 벌기, 쓰기, 불리기, 나누기로 구분하여 진단하고 키울 수 있다.

우선은 돈을 버는 방법을 알아야 한다. 누구나 잘 벌기를 원하지만 돈을 벌기 위해 구체적으로 무엇을 해야 하는지, 나의 돈 버는 역량을 어떻게 평가할 수 있는지, 돈을 잘 버는 사람들의 공통점과 거기에서 내가 적용할 수 있는 것은 무엇인지 알아야 한다.

대부분의 사람들은 돈을 많이 벌면 부자가 될 수 있을 거라고 생각하지만 돈을 버는 방법 외에 다른 것들도 중요하다. 쓸 데와 안 쓸 데를 잘 구분해 지혜롭게 잘 써야 한다. 돈을 잘 버는 사람도 지혜롭게 쓰지 못하면 늘 위험하고 불안하다. 특히 돈을 잘 관리하고 잘 쓰려면 지식과 도구가 필요한데 그것을 먼저 알아야 한다.

그리고 잘 벌고 지혜롭게 쓰는 것에서 그치는 것이 아니라 잘 불리는 것도 중요하다. 돈을 불리기 위해서는 저축과 투자, 금리와 금융상품에 대한 기본적인 내용들, 금융상담을 할 때 필요한 질문을 할 수 있는 수준의 지식이 필요하다.

마지막으로, 효과적으로 나눌 줄도 알아야 한다. 사회적 동물인 인간은 늘 공동체적으로 존재한다. 그래서 서로 주고받으며 살아야 한다. 어떤 이는 너무 많이 나누어서 문제고, 어떤 이는 너무 인색해서 문제다. 나눔에 대한 새로운 논의가 활발한 지금, 지혜롭게 나누는 방법과 서로 나누면서 살아가는 것에 대한 구체적이고 실질적인 지식이 필요하다.

이처럼 벌고, 쓰고, 불리고, 나누는 네 가지 영역은 서로 각기 다른 영역이다. 한 가지만 가지고 있는 사람도 있고, 모두 가지고 있는 사람도 있다. 모든 사람이 다 만점 역량을 가질 필요는 없지만 치명적인 약점은 없어야 하고, 이 네 가지 영역이 균형을 갖출 때 돈 문제에서 자유로워질 수 있다.

우리가 무언가를 '안다'고 했을 때 '안다'라는 단어는 두 가지 의미로 사용한다. '나는 대한민국의 수도, 서울을 안다'라고 했을 때, 대한민국의 수도가 서울이라는 단순한 사실을 아는 것과, 서울이 어떤 모습이고 산과 강은 어떠하며 그곳에 사는 사람들은 어떤 생각을 하면서 사는지를 아는 것은 다르다.

'돈을 안다'라고 했을 때 우리는 신사임당, 이황, 이이, 이순신이 그려져 있는 돈의 모양이 어떤지 아는 것을 의미하지 않는다. 돈이 우리 삶에 어떤 의미가 있는지, 돈을 다루려면 어떤 원칙과 기준과 노력이 필요한지, 어떻게 하면 돈이 나를 위해 일할 수 있도록 할 것인지 등을 알 때 비로소 우리는 '돈을 안다'라고 말할 수 있다.

알면 사랑하게 되고 사랑하면 행복하게 된다. 돈 공부를 통해 돈을 더 잘 알고, 돈을 제대로 사랑하고, 돈에 대한 건강한 프레임과 돈을 다룰 줄 아는 역량이 강해질수록 우리는 돈과 좋은 관계를 맺을 수 있다. 우리 모두 돈에 대해 잘 알고 사랑하는 마음과 함께 경제적 자유로 가는 행복한 과정을 만들어 갔으면 좋겠다.

# 돈 공부의 목적,
# 경제적 자유를 얻는 것

우리 주변에는 자의든 타의든 돈을 섬기며 돈의 노예로 살아가는 사람들이 많다. 돈 때문에 하기 싫은 일을 하고, 돈 때문에 하고 싶은 것을 포기하고, 돈 때문에 꿈과 미래를 희생하고, 돈 때문에 해서는 안 되는 일을 하는 사람들이다.

그렇다면 경제적 자유(Financial Freedom), 즉 먹고 살기 위해 일하지 않아도 되는 상태가 되면 어떤 변화가 생길까?

## 경제적 자유를 얻으면 어떤 변화가 생길까?

돈 공부의 궁극적인 목적은 '경제적 자유'를 얻는 것이다. 단순히 먹고 살기 위해 일하지 않아도 되는 상태, 생계를 위해 하기 싫은 일을 억지로 하지 않아도 되는 상태를 '경제적 자유'라고 말한다. 기준이 애매한 '부자'라는 말보다 '경제적 자유'라는 말이 더 좋다. 누구에게

나 인정받는 부자는 될 수 없을지 모르지만 돈 공부를 통해 누구나 경제적 자유를 누리는 것은 가능하기 때문이다.

내가 하고 싶은 일을 하고, 보다 의미 있고 보람 있는 일에 소중한 나의 시간과 에너지를 사용할 수 있다면 나는 어떤 꿈을 꾸게 될까? 돈 때문에 원하지 않는 일을 해야만 하는 상황에서 벗어나 자신이 원하는 삶을 선택할 수 있다면, 생계를 위해 억지로 일하지 않아도 돈이 계속 공급된다면 나의 삶은 어떻게 변할까?

나는 이 책을 읽는 독자들 모두가 경제적 자유, 돈 문제로부터의 자유, 돈을 잘 활용해 자신의 삶을 제대로 살아가는 행복을 가질 수 있기를 기도한다. 돈 공부를 하는 궁극의 목적은 경제적 자유를 넘어 함께 풍요를 나누는 것이다. 그 과정을 만들어 가는 과정이 돈 공부이고, 이론적인 지식과 실천적인 지식을 함께 공부해 나가다 보면 경제적 자유로 가는 속도를 높일 수 있다.


## 당신은 경제적 자유를 누리고 싶은가?

---

좋은 대학에 가려면 놀고 싶은 것, 하고 싶은 것을 일단 멈추고 공부를 해야 한다. 멋진 몸매를 가지려면 먹고 싶은 것을 포기하고 쉬고 싶은 몸을 움직여야 한다.

경제적 자유를 얻으려면 일단 돈의 늪에서 빠져나와야 한다. 나의 머니 프레임을 이해하고, 돈을 다루는 다양한 역량에 대해 공부해야 한다. 그리고 경제적 자유를 꿈꾸며 꾸준히 실천해야 한다. 마음먹는다고 바로 지옥이 천국으로 변하는 것은 아니지만, 나무를 심는 심정으로 한 걸음 한 걸음 나아가다 보면 경제적 자유에 조금씩 가까워질 수 있다.

영화 〈쇼생크 탈출〉의 한 장면을 떠올려 본다. 비 오는 밤, 길고 긴 터널을 빠져나온 주인공 앤디는 땀과 시궁창 물에 흠뻑 젖은 옷을 하나씩 벗어던진다. 그리고 하늘을 향해 손을 뻗고 자유를 느끼면서 하늘을 향해 웃음을 날린다.

Hope is a good thing.

주인공 앤디가 희망 고문을 두려워하는 친구에게 던지는 한마디다. '희망은 좋은 것이다.'

돈 문제의 늪에서 빠져나왔을 때 당신도 그렇게 하늘 높이 손을 올리고 감격의 웃음을 지을 수 있을 것이다.

## [부자들의 머니프레임 ①]
# 부와 가난에 대하여

## Q ─────

가난한 사람들은 왜 가난한 것일까요?

가난을 극복하기 위해 그들이 꼭 해야 하는 것은 무엇일까요?

가난을 극복하기 위해 그들이 절대 하면 안 되는 것은 무엇일까요?

## A ─────

--------------------------------------------------------

--------------------------------------------------------

--------------------------------------------------------

--------------------------------------------------------

--------------------------------------------------------

# 당신은 가난한 사람인가?

중국 최고의 부자인 알리바바 그룹의 마윈 회장은 가난한 사람에 대해 이렇게 말했다.

세상에서 가장 같이 일하기 힘든 사람들은 가난한 사람들이다.
자유를 주면 함정이라 얘기하고,
작은 비즈니스라고 얘기하면 돈을 별로 못 번다고 하고,
큰 비즈니스라고 얘기하면 돈이 없다고 하고,
새로운 것을 시도하자고 하면 경험이 없다고 하고,
전통적인 비즈니스라고 하면 어렵다고 하고,
새로운 비즈니스모델이라고 하면 다단계라고 하고,
상점을 같이 운영하자고 하면 자유가 없다고 하고,
새로운 사업을 시작하자고 하면 전문가가 없다고 한다.

그들에게는 공통점이 있다.
구글이나 포털에 물어보기를 좋아하고,
희망이 없는 친구들에게 의견 듣는 것을 좋아하고,
자신들은 대학 교수보다 더 많은 생각을 하지만
정작 장님보다 더 적은 일을 한다.
그들에게 물어보라.
무엇을 할 수 있는지?
그들은 대답할 수 없다.

내 결론은 이렇다.

당신의 심장이 빨리 뛰는 만큼 행동을 더 빨리 하고,

그것에 대해 생각해 보는 대신 무언가를 그냥 하라.

가난한 사람들은 공통적인 하나의 행동 때문에 실패한다.

그들의 인생은 기다리다 끝이 난다.

그렇다면 현재 자신에게 물어보라.

당신은 가난한 사람인가?


이 세상에 가난하게 태어나 가난하게 살다가 가난하게 죽는 것으로 정해진 사람은 없다. 누구나 변화를 꿈꾸고 꿈을 현실로 만들 수 있다. 눈을 돌려 찾아보면 마윈을 비롯한 수많은 사례들을 찾을 수 있다. 그러니 이제 핑계를 그만두고 가난한 자리에서 벗어나기로 결심하자!

# 2장

## 나의 머니 프레임

경제적 자유를 향한 구체적인 여정에서 나의 머니 프레임은 가장 큰 후원자가 될 수도 있고 가장 큰 방해꾼이 될 수도 있다.

먼저 나의 머니 프레임을 알아보자. 돈에 대한 나의 생각과 태도는 어떠한지, 그것은 어디에서 온 것인지, 그래서 나의 미래는 어디로 향하고 있는지 최대한 객관적으로, 냉정하게 생각하고 평가해 보자.

나의 머니 프레임을 이해하면 어떤 변화가 생기는지, 변화를 이루기 위해 무엇이 필요한지 알 수 있다.

# 돈의
# 시간여행

찰스 디킨스의 소설 《크리스마스 캐럴》의 주인공 스크루지는 세상에
둘도 없는 지독한 구두쇠다. 모든 사람이 즐거워하는 크리스마스가
왔는데, "메리 크리스마스"를 외치는 조카와 이웃들에게 "돈도 없는
것들이 뭐가 그리 즐겁냐?"며 조롱하고 크리스마스 캐럴을 부르는
사람들에게 시끄럽다고 화를 내는 '돈만 아는 인간'이다. 그런 스크
루지가 크리스마스 이브에 7년 전 죽은 동업자 말리가 보낸 세 유령
들과 함께 시간여행을 떠난다.

외톨이였던 어린 시절, 즐거웠던 직장생활, 약혼녀와의 파혼 등 과
거 여행을 하면서 스크루지는 소중하게 생각했던 많은 것들을 잃어
버렸다는 것을 알게 된다. 막연하게 힘들었다고 생각했던 과거였지
만 추억이 있고, 즐거운 직장이 있고, 사랑하는 사람이 있었음을 깨
닫게 된다.

그리고 현재 여행에서는 돈만 많은 부자로 살아가고 있는 자신의
모습, 사랑했던 여동생이 낳은 유일한 조카를 가난하다고 무시하고,

가난과 저임금에 허덕이는 하나밖에 없는 직원을 윽박지르고 그 가정의 어려움을 무시해 온 모습들을 바라보면서 반성하게 된다. 그리고 할 수만 있다면 변하고 싶다는 마음을 갖게 된다.

하지만 유령과 함께한 마지막 미래 여행은 너무 무서웠다. 스크루지는 다른 미래를 가지고 싶어졌다. 아무도 슬퍼하지 않는 자신의 죽음, 자기에게 빚진 자들에게 '빚을 안 갚아도 된다'는 기쁨을 주는 자신의 죽음을 보면서 그 끝을 바꾸고 싶다고, 다른 삶을 살게 해달라고 기도하고 결심한다.

시간여행은 삶에 대한 스크루지의 프레임을 바꾸었고, 바뀐 프레임은 그의 삶을 바꾸었다. 자신의 삶을 객관화시켜 바라보게 되면서 무엇이 잘못되었고 어떤 변화가 필요한지 알게 되었다. 웃지 않던 그가 웃게 되었고, 크리스마스 캐럴을 시끄러워 하던 그가 길거리에서 다른 사람들과 함께 캐럴을 부르는 사람이 되었다. 기부를 요청하러 온 사람을 조롱하며 쫓아 보냈던 그가 자발적으로 기부를 하고, 아이들에게 화만 내던 그가 밝게 인사를 건네는 사람이 되었다. 그렇게 혼자 불행하게 살던 노인은 시간여행 후에 행복한 사람이 되었다.

우리도 '돈의 시간여행'을 떠나보자. 어릴 적 우리의 모습을 돌이켜 보고, 현재의 우리 모습을 정리해 보자. 그리고 미래에 우리는 어떤 모습으로 살아가고 있을지 상상해 보자. 우리의 머니 프레임을 알아보기 위해, 스크루지처럼 행복한 변신을 위해 '돈의 시간여행'을 떠나보자.

# [과거]
# 어제를 알면 오늘이 보인다

오늘의 나의 모습은 갑자기 하늘에서 뚝 떨어진 것이 아니라 과거의 내가 만들어 낸 결과물이다. 내가 한 선택, 내가 만난 사람들, 내가 보낸 하루하루의 노력들이 모여 오늘의 내가 만들어졌다. 그래서 오늘의 내 모습을 쿨하게 객관적으로 살펴보려면 과거의 내 모습을 객관적으로 들여다봐야 한다.

내 인생의 10대 머니스토리와 부모·가족으로부터의 영향을 정리하는 두 가지 표를 작성해 보자. 이 양식을 채워보면 돈에 대한 나의 머니 프레임을 이해하는 데 큰 도움이 된다.

## 내 인생의 10대 머니스토리

당신이 태어나서 지금 이 책을 읽고 있는 이 순간까지 당신에게는 수많은 경험 속에서 행복했던 기억과 아팠던 상처들이 있었을 것이다.

## 내 인생의 10대 머니스토리

| 시기 | 사건 | 의미와 영향 |
|---|---|---|
| 1979 | 아버지의 사업 실패 | 돈은 있다가도 없는 것! 돈보다 사람이 중요하다는 생각을 갖게 되었다. |
| 1983 | 입주 과외 | 같은 교회 다니던 분의 집에서 입주 과외 시작, 식비라도 벌면 가족들에게 도움이 된다는 생각이었다. |
| 1986 | 대입, 상경 | 대학에 합격한 후 친척들의 도움으로 서울로 상경했다. 어려운 형편에 주위의 도움이 큰 힘이 되었다 |
| 1989 | 대학원 진학 포기 | 계속 공부한다는 것이 쉽지 않은 일임을 깨닫고 입대를 결심하고 휴학했다. |
| 1995 | 은행 취직 | 돈을 벌기 시작했고 쓰기 시작했다. 가난한 고학생에서 갑자기 여유로운 인생이 시작되었다. |
| 1999 | 수당 1,000만원 | 생애 처음으로 월 8자리 소득을 만져봤다. 돈을 버는 게 쉽게 여겨졌고 언제든지 마음만 먹으면 벌 수 있다는 생각을 갖게 되었다. |
| 2002 | 그랜저 구입 | 내 능력으로 좋은 차를 몰 수 있다는 자부심이 생겼다. 성실하게 일하면 얼마든지 큰돈을 벌 수 있다는 생각으로 열심히 살았던 시절이었다. |
| 2004 | 용인 죽전 아파트 분양 | 무언가를 사고팔 때 신중해야 한다는 것을 실감했다. 부동산 투자가 생각보다 무섭다는 것을 경험했다. |
| 2008 | 폐업과 취업 | GA를 정리하고 네오머니 이사로 입사했다. 처음 경험한 사업적 실패로 인해 작가와 강사의 길을 만날 수 있었다. |
| 2019 | 교육사업 정리, 상담, 강의 중심 | 교육사업에 대한 기대를 접고 재무상담과 강의를 중심으로 활동을 전환했다. |

그중에서 과거에 있었던 특별히 돈과 관련된 사건과 기억, 그리고 그 영향을 한 번 생각해 보자. 당신이 지금까지 살아오면서 기억해 낼 수 있는 돈과 관련된 내 인생의 10대 머니스토리를 찾아보고, 그 사건들이 왜 그렇게 기억에 남아있는지, 그 사건들의 영향이 무엇인지

기록해 보자.

첫 월급을 탔던 날, 보너스를 타서 아내에게 선물했던 날 등 즐거운 기억도 있을 것이고, 사업의 실패, 실직, 돈이 없어 아이가 원하는 것을 해줄 수 없었던 아픔들도 있을 것이다. 즐겁고 신나는 일도, 슬프고 우울한 일도 관계없다. 기억에 남아 있는 사연들을 기록해 보자. 그것을 펜으로 꾹꾹 눌러 쓰다 보면 그 당시 상황들이 상대적으로 객관화되고 그 기억들이 주는 메시지도 제대로 파악할 수 있다. 이처럼 돈의 여행 '과거' 편은 당신이 지금까지 무엇을 얻었고 무엇을 잃었는지 알게 해 줄 것이다.

지금 노트와 펜을 꺼내 여러분의 머니스토리를 정리해 보자. 머니스토리를 적다 보면 돈과 관련된 좋지 않은 기억들 때문에 고통스러울 수도 있다. 개인 상담이나 강의를 하면서 머니스토리를 적는 시간을 가져 보면 많이 힘들어 하거나 울먹이는 사람들을 가끔 보게 된다. 하지만 기쁘기도 하고 힘들기도 했던 인생의 큰 사건들과 그 사건들이 주는 교훈, 의미, 영향을 정리하다 보면 돈과 삶에 대한 나의 생각과 태도를 어느 정도 이해하게 된다. 이해하면 용서할 수 있고 사랑할 수 있다. 그래서 과거의 머니스토리를 찾는 시간은 지금의 나를 용서하고 사랑할 수 있도록 도와준다.

## 부모, 가족으로부터의 영향

과거의 사건들을 정리해 봤다면 이제 나의 부모, 나의 가족이 나의 머니 프레임에 끼친 영향을 살펴봐야 한다. 우리는 원하든 원하지 않든 부모의 영향을 가장 많이 받게 되고, 함께 생활해 온 가족들에게 지속적인 영향을 받는다.

우리의 부모님은 어떤 사람이었나? 돈에 대해서는 어떤 태도를 가지고 계셨는가? 돈에 대해 자주 언급하신 표현은 무엇이 있었나? 생각해 보자. 또 형제자매에게 받은 영향이 있다면 추가로 기록해 보자.

| 구분 | 아버지 | 어머니 / 형제자매 |
|---|---|---|
| 돈에 대한 태도 | 돈은 중요한 것이 아니다.<br>돈 때문에 사람을 잃으면 안 된다. | 돈이 없으면 아무것도 할 수 없다. |
| 돈에 대한 언급 | 돈보다 사람이 중요하다.<br>양로원을 세워서 노인들이 일하면서 노후를 보내는 시설을 만들고 싶다. | 돈을 함부로 쓰는 것은 죄다. |
| 영향을 받은 나의 태도와 행동 | 돈을 벌 생각보다 번 돈을 나눌 계획부터 세운다. | 나를 위한 소비는 늘 불편하다. |

어릴 때 가난한 환경에서 자란 사람과 부유한 환경에서 자란 사람은 돈에 대한 태도가 다르다. 어릴 때 부모로부터 '돈 아껴 써야 해'라는 말을 계속 들어온 사람과 '돈보다 사람이 중요해' '돈은 베풀어야 돌아와'라는 말을 듣고 자란 사람은 소비할 때 느끼는 감정이 다르다.

이처럼 돈에 대한 생각과 태도, 가치관은 부모와 가족의 영향을 가장 많이 받는다. 환경과 경험도 대부분 가족의 틀 안에서 이루어진다. 어릴 적 부모님에 대해 생각해 보면 지금 내가 돈을 쓰는 태도, 돈에 대해 주로 하는 말을 발견하고 깜짝 놀랄 수도 있을 것이다.

과거 여행이 끝나면 이제 오늘로의 여행을 떠난다. 오늘은 어제의 내가 만들어 낸 결과물이다. 과거 여행에서 발견한 나의 머니 프레임이 지금 어떤 모습을 만들어 냈는지 살펴보자.

## [현재]
# 돈에 대한 나의 태도와
# 재무상태 점검하기

현재의 돈에 대한 나의 태도와 재무상태를 점검해 보자. 오늘의 재무상태는 어제 행한 재무행동의 결과다. 그리고 오늘의 돈에 대한 나의 태도는 내일의 재무행동을 결정하고 재무상태를 결정한다.

## 돈에 대한 나만의 정의를 만들어 보자

여러분은 '돈'이란 단어를 생각하면 무엇이 떠오르고 어떤 기분이 드는가? '돈'이라는 단어를 들었을 때 기분이 좋아지는 사람도 있고, 답답하고 마음이 무거워지는 사람도 있다.

프레임은 무엇에 대한 정의, 사용하는 언어와 깊은 관련이 있다. 나의 머니 프레임을 알아보기 위해 먼저 돈에 대해 나만의 정의를 내려 보자.

누군가 당신에게 이렇게 묻는 순간을 상상해 보자.

"돈은 무엇이라고 생각하세요?"

당신은 좀 멋지고 의미 있는 대답을 해야 한다. 당신의 돈에 대한 정의는 무엇인가?

> **돈이란 _____ 이다.**

돈이란 존재는 참 이상해서 '돈이란 ○○○이다'라고 정의하는 대로 내 삶에 영향을 미친다. 돈을 중요하게 생각하는 사람에게는 돈이 주인 노릇을 하고, 돈을 하찮게 여기는 사람에게서는 떠나가 버린다. 머니 프레임은 이렇게 돈과 삶에 영향을 미친다.

돈에 대한 다른 사람들의 정의를 몇 가지 소개한다. 돈에 대한 멋진 정의를 가지는 것은 참 의미 있고 중요한 일이다. 여기에 있는 몇 가지 정의를 바탕으로 돈에 대한 다양한 의미를 생각해 보고, 돈에

| | |
|---|---|
| 돈이란 마약이다. | 돈이란 마약처럼 점점 더 갖고 싶고 점점 더 원하게 된다. 그러다가 결국 사람을 망친다. |
| 돈은 쓰는 사람에 따라 달라지는 칼이다. | 돈은 잘 쓰면 좋지만 잘못 쓰면 자신과 관계도 망칠 수 있다. |
| 돈이란 자동차에 넣는 휘발유 같은 것이다. | 돈은 늘 필요하지만 많다고 특별히 좋은 것은 아니다. 그런데 연료가 바닥이 나면 불안해지는 것처럼 돈이 없으면 점점 불안해진다. |
| 돈이란 사람과 사람을 연결하는 다리 같은 것이다. | 돈이 있으면 경조사도 만남도 가능하지만 돈이 없으면 사람의 도리를 하기 힘들어진다. |
| 돈은 요리할 때의 소금 같은 것이다. | 돈은 요리할 때 소금처럼 늘 필요하다. 하지만 소금이 너무 강하면 음식을 망치는 것처럼 인생에서 돈이 너무 드러나면 멋진 인생이 되기 힘들다. |

대한 나만의 정의를 만들어 보자.

돈에 대한 나의 정의는 나의 머니 프레임을 드러낸다. 돈에 대한 정의를 내려 보면서 돈에 대해 부정적인 태도를 가지고 있는지 긍정적인 태도를 가지고 있는지 스스로를 살펴보자. 아마도 당신이 돈에 대해 부정적인 태도를 가지고 있으면 돈도 당신에게 그럴 것이고, 당신이 긍정적인 태도를 가지고 있으면 돈도 당신에 대해 긍정적일 것이다.

돈은 생각보다 다양한 모습을 가지고 있다. 돈은 사람을 죽이기도 하고 살리기도 한다. 사람을 행복하게 만들기도 하고 불행하게 만들기도 한다. 돈의 다양한 모습만큼이나 사람들의 경험도 다양하다. 그 다양한 경험들이 각자의 다양한 머니 프레임을 갖게 한다.


## 현재 나의 모습을 재무상태표로 알아보자

현재의 돈에 대한 나의 생각을 알아봤다면 이제 그 결과로 만들어진 나의 재무상태를 평가해 보자. 재무상태는 현금흐름표와 재무상태표를 작성해 보면 간단하게 파악해 볼 수 있다. 현금흐름표는 매월 기준으로 한 달간의 수입과 지출을 파악할 수 있는 표이고, 재무상태표는 일정한 시점에서 자산, 부채, 순자산을 알 수 있는 표이다.

현금흐름표에서 확인해야 할 첫 번째 이슈는 '매월 수입이 지출보다 많아 흑자가 발생하고 있는가?'이다. 매월 현금흐름이 적자라면 내 순자산은 지속적으로 줄어들고 부채는 지속적으로 증가한다. 뻔

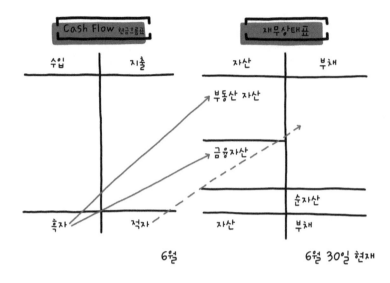

한 결말이 보인다. 당장 조치를 취하지 않으면 문제가 발생할 수 있다. 수입을 더 늘릴 수 있는지, 지출을 더 줄일 수 있는지 잘 살펴봐야 한다. 흑자가 나고 있더라도 '수입을 더 늘릴 수 있는가?' '지출내역은 적절한가?' '너무 많이 쓰거나 너무 적게 쓰지는 않는가?'라고 항상 질문해 보고 필요하다면 개선해 나가야 한다.

재무상태표는 매월의 현금흐름의 결과다. 재무상태가 양호하다면 매월 현금흐름이 건강한 상태이고, 재무상태가 나쁘다면 현금흐름이 적자가 나고 있거나 건강하지 못하다는 것을 알 수 있다. 또 재무상태표를 통해 자산이 증가하고 있는지, 부채가 늘고 있는지 등 자산 구성의 적절성을 살펴볼 수 있다. 구체적인 자산 구성이 어떠해야 하고, 저축과 투자는 어떻게 이루어져야 하는지는 계속 공부를 해나가야 하겠지만 현재 상황에 대한 이해를 통해 변화가 필요하다는 인식과 어디에서 변화해야 할지 답을 찾아볼 수 있다.

이렇게 한 달 동안의 나의 재무상태를 알아보고 스스로 진단해 보는 시간을 가져보면 왜 변해야 하고, 무엇을 변화시켜야 할지 의지를 갖게 해준다.

그럼, 나의 미래는 어떠할까? 지금 나의 모습에서 상상할 수 있는 나의 미래로 떠나 보자.

# [미래]
# 나는 어디로 가고 있는가?

5년 뒤, 10년 뒤, 그리고 20년 뒤의 나는 어떤 모습일까? 특별한 변화 없이 지금처럼 계속 살아간다고 가정했을 때 미래 어느 시점의 나는 어떤 모습일지 상상해 보자. 아니, 상상에서 그치지 말고 구체적으로 그 상태를 그려보자. 그 시점에 자산은 얼마나 될지? 일은 계속하고 있을지? 자녀들은 어떤 생활을 하고 있을지? 등을 구체적으로 상상해 보자.

## 구체적으로, 최대한 생생하게 상상하라

심리학의 연구에 의하면 우리의 뇌는 자기 자신에 대해 생각할 때 내측 전두엽이 밝아지고, 타인을 생각할 때 어두워진다고 한다. 그렇다면 미래의 나를 생각할 때는 내측 전두엽이 밝아질까? 어두워질까? 실험 결과는 미래의 나를 생각할 때 내측 전두엽은 타인을 생각할 때와 같이 어두워진다고 한다. 우리 뇌는 미래의 나를 타인으로 생각하는 것이다. 이 실험 결과로 유추해 보면 사람들이 미래를 준비하지 않는 가장 큰 이유 중 하나는 미래의 자신을 타인처럼 느끼기 때문이다. 어느 누가 타인을 위해 자녀의 교육을 희생하고, 현실의 즐거움과 편안함을 포기하는 선택을 하겠는가? 그래서 미래 준비의 핵심은 바로 '미래의 나'를 '자신'으로 인식하는 것이다.

'구체적으로 생생하게 상상하라'는 말은 성공학 교과서에 주로 나오는 표현이지만 재무적 위험을 예측할 때도 마찬가지로 중요하다. 미래의 나를 '자신'으로 인식하고 그 문제를 해결하려는 마음을 만들기 위해서는 구체적으로 상상하고 느껴보는 것이 필요하기 때문이다.

지금 현재에서부터 시작해 1년, 3년, 5년, 10년 후 자신의 모습을 구체적으로 생생하게 그려보자. 2040년이 되면 나이는 몇 살이 되고, 몸 상태는 어떻게 될까? 그때 무슨 일을 하면서 어떻게 살고 있을까? 아이들은 어떤 생활을 하고 있고, 배우자는 무엇을 하고 있을까?

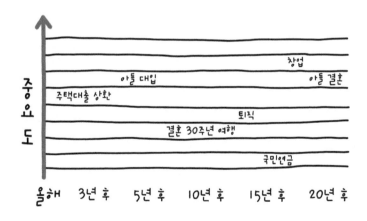

상상할 수 있는 한 최대한 구체적이고 생생하게 미래의 나, 나이를 먹은 나를 생각해 보면 지금 과연 무엇을 하는 것이 현명한지 판단할 수 있다.

## 홀로 떠나는 시간여행

어느 누구에게도 방해하지 않는 시간을 선택해 홀로 있을 수 있는 장소를 찾아 미래를 준비하는 시간여행을 떠나보자.

과거를 되돌아보면서 홀로 울먹이는 모습을 볼 수도 있고, 현재를 바라보면서 가슴을 치는 아픔을 느낄 수도 있다. 다시 돌아가고 싶은 행복한 순간을 떠올리며 아쉬워 할 수도 있다. 그런 시간을 보내고 난 후 미래를 상상하면 지금 당신이 어떤 선택을 해야 할지, 어디로 가야 할지 좀 더 명확해진다.

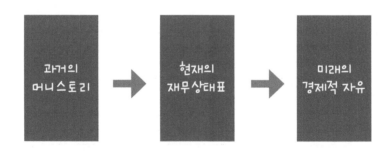

과거의 사건들이 오늘의 재정적 상황을 결정하고,
오늘의 재무행동이 미래의 경제적 자유를 결정한다.

스크루지는 시간여행을 다녀온 후 삶과 돈에 대한 프레임을 바꾸었다. 시간여행이 우리에게 줄 수 있는 선물은 과거와 현재 여행이 알려주는 객관화된 나의 모습과 준비 없는 암울한 미래를 변화시키기 위해 지금 우리가 무엇을 해야 할지 알게 해준다.

　이제 내가 원하는 행복과 경제적 자유를 위해 한 걸음 한 걸음 노력을 시작해 보자.

# 머니 프레임 전쟁

인디언 추장이 손녀에게 이렇게 말했다.

"우리 마음 속에는 두 마리 늑대가 살고 있단다. 그 둘은 항상 싸운다. 한 마리는 나쁜 늑대야. 분노, 질투, 슬픔, 후회, 욕심, 오만, 자기연민, 거짓, 헛된 자존심, 그리고 자기 자신이란다. 다른 한 마리는 착한 늑대야. 기쁨, 평화, 사랑, 희망, 친절함, 겸손, 동정, 너그러움과 믿음이지."

손녀가 물었다.

"그 두 마리 중 어떤 늑대가 이기나요?"

추장은 이렇게 대답했다.

"네가 먹이를 주는 놈이 이긴단다."

이 이야기는 체로키 인디언들에게 전설로 전해지는 〈두 마리 늑대 이야기〉다. 나쁜 생각을 계속하는 것은 나쁜 늑대에게 먹이를 주는 것이고, 착한 생각을 계속하는 것은 착한 늑대에게 먹이를 주는 것이다. 착한 늑대가 이기게 하려면 나쁜 생각에 빠져 허우적대지 말고 착한 생각, 긍정적인 생각, 사랑하는 마음을 품어야 한다.

짧은 스토리지만 전달하는 지혜는 가볍지 않다.

## 부자의 머니 프레임 vs 가난한 머니 프레임

착한 마음, 나쁜 마음이 싸우는 것처럼 우리 마음 속에는 늘 부자의 마음과 가난한 마음이 싸운다. 부자의 머니 프레임과 가난한 머니 프레임이 끝없는 전쟁을 이어간다.

어떤 마음은 우리를 점점 더 가난하게 하고 미래를 어둡게 만든다. 어떤 마음은 우리의 통장을 점점 살찌게 하고 미래를 희망으로 밝힌다.

이 두 마음은 돈에 대한 인식도, 부자가 되는 방법도 늘 다르고 늘 싸운다. '최선을 다해 멋지게 해보자'는 마음과 '대충대충 해도 돼'라는 마음이 싸우고, '할인할 때는 무조건 사야지'라는 마음과 '지금 꼭 필요한 게 아니니까 다음에 사야지'라는 마음이 싸운다. '유혹에 빠져 대박을 노리는 마음'과 '차근차근 조금씩 불리려는 마음'이 싸우고, '나누는 마음'과 '혼자만 잘 살겠다는 마음'이 싸운다.

머니 프레임 전쟁에서 어떤 프레임이 이기느냐에 따라 우리의 자산이, 우리의 통장 잔고가, 우리의 미래가 달라진다. 그리고 그 싸움의 승패는 정해져 있다. 마음의 주인이 누구에게 먹이를 주느냐에 따라 결정된다. 당연히 우리는 부자의 머니 프레임을 응원하고 키워줘야 한다.

　성공한 사람들의 이야기, 부자들의 스토리를 들여다보면 꽃길만 있는 쉽고 편한 길을 걸은 게 아니다. 그들의 삶에도 가난한 사람들이 겪는 실패와 역경과 위기의 순간이 있었다. 다만 그런 상황에 대처하는 마음이 다르고 행동이 달라 점점 더 부자가 된 것이다.

　머니 프레임 전쟁에서 부자의 마음이 이기려면 생각과 태도를 바꾸고 행동을 바꾸고 습관을 바꾸어야 한다. 매일 긍정적인 언어를 사용하는 것에서부터 아주 구체적이고 실질적인 행동까지 변화가 필요하다. 순간순간 위기가 오겠지만, 누구나 승리할 수 있는 머니 프레임 전쟁에서 진정한 승전보를 올릴 수 있기를 바란다.

　Part 2에서는 지금까지 알아본 머니 프레임을 기초로, 구체적인 역량을 키울 수 있는 4가지 프레임을 공부해 보려고 한다. 그리고 Part 3에서는 부자들의 머니 프레임과 경제적 자유를 만들어 가는 방법을 알아보려고 한다. 그 전에 4가지 머니 프레임에 대한 진단을 먼저 해 보도록 하자.

# 4가지 머니 프레임에 대한 이해

우리의 삶을 돈이라는 프레임으로 살펴보면 '벌고 쓰고 불리고 나누는 것'
이다. 직업이나 일이 있는 사람은 하루의 가장 많은 시간을 돈을 벌면서
보낸다. 버는 시간이 끝나면 우리는 혼자 또는 직장 동료들, 가족들과 함
께 돈을 쓰러 다닌다. 그리고 우리는 은행·증권사 등 금융회사를 통해 돈
을 불리기 위해 상담하고 저축하고 투자한다. 또 우리는 우리가 가진 삶의
이유에 따라 기부를 통해 다양하게 나눈다.

이 4가지 재무적 행동이 균형을 잘 이루어야 우리는 진정한 경제적 자
유를 누릴 수 있다. 잘 벌긴 하는데 버는 것보다 더 쓰면 답이 없고, 잘 벌
고 아껴 쓰더라도 투자를 잘못해 날리면 돈이 남아있질 않는다. 그리고 지
인들과 돈 거래를 하다 힘들어 하는 사람들도 많다. 그래서 돈과 관련해서
는 강점 중심으로 행동하는 것이 아니라 약점을 잘 보완하는 것이 중요하
다. 한 방에 훅 갈 수 있기 때문이다.

이러한 머니 프레임은 흐름에서도 중요하다. 돈을 벌었다면 제대로 잘
쓰고 투자하고 나누어야 한다. 돈을 벌었을 때 바로 저축(투자)하는 사람
은 소비가 주는 행복을 잃어버릴 수 있고, 주위의 어려운 사람에게 먼저
나눠주는 사람은 집에서 사랑받기 힘들다. 이처럼 순서를 어기면 늘 크고
작은 문제가 발생한다.

그럼, 지금부터 머니 프레임의 4가지 영역을 하나씩 살펴보고, 균형과
성장을 위한 머니 프레임과 역량 키우기를 공부해 보자.

| 항목 | | | Y | N |
|---|---|---|---|---|
| I | 1 | 나는 돈을 많이 버는 일보다 의미 있는 일을 할때 몰입하게 되고 성과도 더 잘 난다 | | |
| | 2 | 나는 급한 일보다는 중요한 일에 우선순위를 두고 일한다 | | |
| | 3 | 나는 능력도 중요하지만 인간적인 매력이 있는 사람이 되고 싶다 | | |
| | 4 | 나는 구체적인 꿈과 목표가 있고 매일 꿈과 목표를 생각하면서 산다 | | |
| | 5 | 나는 한 번 시작한 일은 끝까지 포기하지 않는다 | | |
| | 6 | 나는 다양한 일을 하는 것보다는 한 가지 일을 제대로 하는 것이 중요하다고 생각한다 | | |
| | 7 | 나는 업계 선후배, 동료들과 소통하는 사람이 되려고 노력한다 | | |
| | 8 | 나는 안주하는 삶보다는 도전하는 삶을 살고 싶다 | | |
| | 9 | 나는 소득을 창출하는 다양한 수입원(파이프라인)을 구축하려고 노력한다 | | |
| | 10 | 나는 어려운 상황에 대비해 플랜 B를 준비한다 | | |
| II | 1 | 나는 버는 돈보다 적게 쓰고 나머지는 저축한다 | | |
| | 2 | 나는 매월 나의 지출내역을 파악하고 있다 | | |
| | 3 | 나는 저축을 먼저 하고 나머지로 지출한다 | | |
| | 4 | 나는 부채가 싫고 가능하면 빨리 갚으려고 한다 | | |
| | 5 | 나는 여행을 가거나 고가품을 살때 미리 계획하고 돈을 모은다 | | |
| | 6 | 나는 불필요한 지출을 잘 하지 않는다. 하지만 돈을 쓸 때는 큰 돈도 쓸 줄 안다 | | |
| | 7 | 나는 수입의 일부를 자기계발을 위해 투자하고 있다 | | |
| | 8 | 나는 감사일기를 쓰는 등 늘 감사하는 마음으로 산다 | | |
| | 9 | 나는 예산을 수립하고 예산 내에서 지출을 하고 있다 | | |
| | 10 | 나는 늘 정리 정돈을 잘한다 | | |

| | | 항목 | Y | N |
|---|---|---|---|---|
| III | 1 | 나는 위험이 있어도 투자를 하고 있다 | | |
| | 2 | 나는 투자할 때 나만의 분명한 원칙과 기준이 있다 | | |
| | 3 | 나는 자산의 일부를 해외 자산이나 달러 자산에 투자하고 있다 | | |
| | 4 | 나는 성공적인 투자자가 되기 위해 경제, 금융에 대해 공부한다 | | |
| | 5 | 나는 단기적인 큰 수익보다 장기적으로 안정적인 수익을 추구한다 | | |
| | 6 | 나는 위기는 기회와 함께 온다고 생각하고 위기에 대비한다 | | |
| | 7 | 나에게는 투자할 때 도움받을 수 있는 믿을 만한 전문가가 있다 | | |
| | 8 | 나는 어떤 위기가 오더라도 투자를 그만두기보다는 지속하려고 한다 | | |
| | 9 | 나는 투자기간, 투자 목적에 따라 적절한 상품을 선택한다 | | |
| | 10 | 나는 단기적인 정보보다는 장기적인 트렌드를 보고 투자를 결정한다 | | |
| IV | 1 | 나는 나눔도 투자의 일종이라고 생각하고 가까운 사람들과 늘 나누며 살려고 노력한다 | | |
| | 2 | 나는 다양한 형태의 착한 소비자 운동에 참여하고 있다 | | |
| | 3 | 나는 혼자 성공하기보다 동료, 파트너들과 함께 성공하려고 노력한다 | | |
| | 4 | 나는 정기적으로 기부나 봉사활동을 하고 있다 | | |
| | 5 | 나는 돈보다 사람이나 가치가 더 중요하다고 생각한다 | | |
| | 6 | 나는 남을 돕거나 기부할 때 나만의 기준과 원칙이 있다 | | |
| | 7 | 나는 부자들이 거액을 기부하는 모습이 보기 좋고 나도 동참하고 싶다 | | |
| | 8 | 나는 갑질하는 기업의 제품은 사지 않고 가끔 불매운동에 동참한다 | | |
| | 9 | 나는 여유가 없을 때도 돕고 나누고 봉사하며 살려고 노력한다 | | |
| | 10 | 나는 직원을 뽑거나 파트너를 선택할 때 그 사람의 평판이나 이미지를 중요하게 생각한다 | | |

# 머니 프레임 수레바퀴

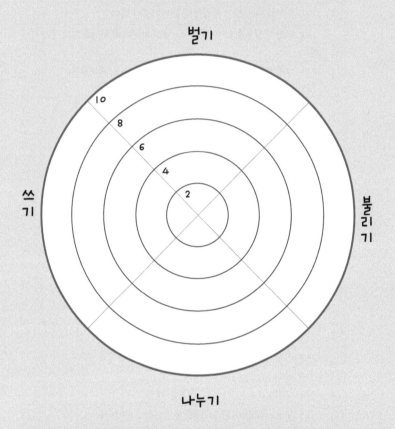

Ⅰ : Yes라고 체크한 개수만큼 '벌기'에 표시
Ⅱ : Yes라고 체크한 개수만큼 '쓰기'에 표시
Ⅲ : Yes라고 체크한 개수만큼 '불리기'에 표시
Ⅳ : Yes라고 체크한 개수만큼 '나누기'에 표시
→ 수레바퀴 선을 연결하여 수레바퀴 컨셉으로 진단한다. 머니 프레임
수레바퀴는 크고 동그란 모습일 때 잘 굴러간다.

# 변화를 위하여 나를 이해하기

## Q ————

자주 반복하고 후회하는 돈에 대한 습관이나 행동, 태도가 있나요?

그것은 무엇인가요?

왜 그것을 자꾸 반복하는 것일까요?

## A ————

-------------------------------------------------------------------------------

-------------------------------------------------------------------------------

-------------------------------------------------------------------------------

-------------------------------------------------------------------------------

-------------------------------------------------------------------------------

## 유태인의 경제교육

돈에 대한 나의 프레임, 돈에 대한 나의 행동과 습관은 부모들의 영향을 가장 많이 받고 주위 환경에 영향을 받아 형성된다. 현재 내가 반복하는 행동이나 태도는 나도 모르게 오랜 세월 동안 나에게 고착된 것이다. 세계 최고의 부자 공동체인 유태인들이 어릴 때부터 공유하는 돈에 대한 프레임, 돈에 대한 행동과 태도에 대해 살펴보면서 나의 경험과 다른 점은 무엇이고, 내가 배워야 할 내용은 무엇이고, 나의 자녀들에게 돈에 대해 어떻게 가르쳐야 할지 생각해 보자. EBS에서 방송한 미국의 유태인 교육 내용을 함께 들여다보자.

유태인들은 어릴 때부터 '재물은 하나님이 주신 것'이라고 가르친다. 돈을 버는 행동, 돈을 잘 관리하는 행동은 하나님이 기뻐하시는 행동이다. 돈과 재물에 대해 감사해야 하며 '함부로 다루면 안 된다'고 배운다. 이를 통해 어릴 때부터 돈에 대해 건강한 시각을 갖게 된다.

그리고 미국의 유태인들은 어릴 때부터 돈을 직접 다루어 보도록 가르친다. 용돈을 직접 관리하고, 용돈이 부족하면 아르바이트나 집안일을 통해 필요한 돈을 마련한다. 자신의 돈을 어떻게 쓸 것인지, 어디에 저축을 하거나 기부할 것인지를 스스로 결정한다. 이런 과정을 통해 돈을 계획적으로 써야 한다는 것, 무언가를 선택하고 결정한 대로 실행하며 그것에 대해 책임지는 것을 배운다. 무슨 일만 있으면 엄마에게 달려가는 우리 아이들과는 많이 다르다.

유태인들의 독특한 문화 중 하나가 '성인식'이다. 우리가 돌잔치에

금반지를 선물하는 것처럼 유태인들은 '성인식'에 적지 않은 축하금을 전달한다. 통상 중산층의 경우 5만달러 내외의 축하금이 모이는데, 이 돈을 독립할 때까지 투자해 목돈으로 키운다. 이 축하금 투자를 통해 다른 미국인들이 대학 졸업과 동시에 대출 상환을 시작하는 것과 달리 독립자금을 준비한 채 대학을 졸업한다.

마지막으로 유태인들은 어릴 때부터 '체다카'라고 하는 기부를 배운다. 집에도 학교에도 회당에도 유태인들이 모이는 곳에는 늘 체다카 통이 있다. 어릴 때부터 그 통에 기부하는 습관을 들이면서 공동체 내에 가난한 사람이 없도록 하라는 교훈을 배운다.

돈에 대한 건강한 생각, 돈을 다루는 경험, 투자를 통해 돈이 불어나는 것을 경험하고 늘 주위를 돌아보는 법을 배우면서 자란 유태인들은 스스로 소득을 얻고 돈에 대한 결정을 할 시기가 되었을 때 이미 돈에 대한 균형 잡힌 태도와 돈을 다룰 줄 아는 능력을 가지게 된다. 그래서 유태인들은 다른 어떤 공동체보다 부자들이 많고 경제적으로 성공한 사람들이 많다.

빌 게이츠는 자녀들에게 매주 1달러씩 용돈을 주면서 돈을 관리하는 법을 가르쳤다. 월마트의 창업자 샘 월튼은 엄격한 용돈교육으로 유명하고, 역사상 최고의 부자로 알려져 있는 록펠러는 매주 자녀들의 용돈기입장을 검사했다. 그리고 워렌 버핏은 11살 때 투자를 시작했다고 한다.

우리는 조금 늦었을 수 있지만 우리 자녀들은, 그리고 미래의 우리는 돈에 대해 좀 더 지혜로워졌으면 좋겠다.

**Part 2**

# 돈을 이해하는
# 4가지 머니 프레임

# 소비와 투자보다
# '돈 벌기'가 먼저다

머니 프레임을 형성하는데 가장 큰 영향을 미치는 것은 돈을 버는 것에 대한 생각과 경험이다. 부자들은 '어렸을 때 아르바이트를 하거나 무언가를 팔아봤던 사업 경험'이 부자가 되는데 큰 영향을 미쳤다고 말한다. 노동을 제공하고 사업을 하면서 가치를 만들어 본 경험이 소비·투자·나눔으로 연결되기 때문이다.

이번 장에서는 소비·투자·나눔의 기본이 되는 '돈을 번다'는 의미와 그 역량을 키우는 방법을 알아본다.

# '돈을 번다'는 것에
# 대하여

## '돈을 번다'는 것에 대한 정의

'돈을 번다'는 것은 사회적으로 의미가 있는 가치를 만들어 돈과 교환하는 것을 말한다. 즉, '돈을 번다'는 것은 나 아닌 누군가에게 물건을 팔거나 지식을 제공하는 등 돈을 지불할 만한 가치를 만들어 그 가치를 제공받은 사람으로부터 돈을 받는 것이다. 나 혼자 좋아하는 일을 한다고 누가 돈을 주지는 않는다. 쉽거나 어렵거나, 그 과정이 즐겁거나 힘들거나 상관없이 무언가 다른 이를 위한 가치를 만들어 낼 때 비로소 우리는 돈을 벌 수 있다.

'돈을 번다'는 것에 대해 이렇게 정의를 내리면 나쁜 일, 금지된 일만 아니라면 될 수 있는 한 많은 가치를 만들어 제공하여 많은 돈을 버는 것이 개인과 사회에 도움이 된다.

이것이 돈을 버는 것에 대한 긍정적인 프레임이다. 돈을 무작정 많이 버는 것에 대해 거부감을 가질 수도 있고, 돈을 버는 것 외에 추구하는 중요한 가치가 있을 수도 있다. 하지만 경제적 자유를 얻으려면 돈을 버는 것에 대해 긍정적인 정의를 가질 필요가 있다.

미국에서는 아이들이 길거리에서 레모네이드를 판매하는 '레모네이드 스탠드(Remonade Stand)'가 익숙하다(일부 주에서는 금지되어 있고 허가가 필요한 경우도 있다). 누군가를 돕기 위해, 학교에서 진행하는 기부활동을 위해, 또는 자신이 가지고 싶은 무언가를 사기 위해 어린 아이들이 길에서 레모네이드를 판다.

그리고 아이들은 이 과정에서 돈을 벌기 위해서는 무언가를 제공해야 한다는 것, 돈 벌기가 쉽지 않다는 것, 그렇지만 제대로 하면 생각보다 큰돈을 벌 수 있다는 것 등을 경험하고 알아간다. 이런 경험들 속에서 아이들은 돈에 대한 철학과 기준을 익혀 나간다.

하지만 우리는 조금 다르다. 아이들이 아르바이트를 하겠다고 하면 아마 다들 말릴 것이다. '돈 같은 거 신경 쓰지 말고 공부나 열심히 해'라고 소리 지를 부모들이 대부분이다. 이는 부모들이 노동에 대해 부정적인 생각을 가지고 있기 때문에 자신도 모르게 나오는 행동이다. 그리고 이러한 행동은 우리 아이들에게 '돈과 직업'에 대한 선택과 행동에 큰 영향을 미친다.

다시 한 번 강조하지만 돈을 벌기 위해서는 노동, 사업, 장사 등에 대한 긍정적인 정의를 가져야 한다. 정의가 확실해지면 고민과 선택이 좀 더 쉬워지고 단순해진다. 새로운 정의, 새로운 언어, 새로운 프레임은 생각과 행동을 바꾼다. 나 역시 '돈을 번다는 것은 사회적으로 의미 있는 가치를 만들어 돈과 교환하는 것이다'라는 정의를 내린 후 돈을 더 많이 벌기로 결심했다. 독자들도 그랬으면 좋겠다.

> **돈을 번다는 것은**
>
> _____
>
> _____
>
> _____

## 나의 '돈 벌기' 진단

'돈을 번다'는 것에 대한 정의를 내렸다면 이제 나의 돈 벌기 역량을 진단해 보자. 많고 적은 것은 개인적인 기준이 있을 뿐 절대적인 기준은 아니다. 하지만 구태여 기준을 찾는다면 자기 또래의 평균소득 정도는 참고할 수 있을 것이다.

현재 나의 버는 능력을 점수로 매기면 몇 점이나 될까? 소득의 형태가 다양해지고 있고, 4차산업혁명의 발달로 밥벌이의 미래는 갈수록 불안해지고 있다. '이 정도 벌면 좋겠다'는 내가 생각하는 최선의 소득은 얼마이고, 소득을 높이려면 무엇을 해야 할까? 우선 지금 나의 수입 파이프라인을 3가지 차원에서 진단해 보고 변화가 필요한 부분을 생각해 보자.

돈을 버는 것은 소득의 크기, 소득의 종류, 소득의 기간 등 3가지 차원에서 진단해 볼 수 있다. 현재 하고 있는 일의 소득을 '높이는' 것도 중요하지만, 또 다른 소득을 '만드는' 것도 방법이고, 100세 시대에 맞춰 오랫동안 소득을 '늘리는' 방법도 있다. 즉, 돈을 번다는

**나의 돈 벌기 진단**

| 항목 | 본인 | Bench Mark(예) | 코칭 포인트 |
|------|------|----------------|-------------|
| 소득 크기 | 500만원 | 1,000만원 | 현재 소득을 키울 수 있는 방법은? 자기계발을 통해 수입 증대, 승진과 이직을 통한 소득증대 방법은? |
| 소득 개수 | 급여 인세 강사료 연금/배당/ 이자/임대료 | 글쓰기 강의 요리 | 추가로 소득을 얻을 수 있는 방법은? 재능이 있지만 수입으로 바꾸지 못하고 있는 것이 있을까? 부업이 가능한 재능은? |
| 소득 기간 | 59세 정년 | 65세 | 현재 하고 있는 일을 오랫동안 할 수 있는 방법? 은퇴 후 다른 일을 할 수 있다면? |
| 셀프 코칭 | 1. 소득의 크기를 키울 수 있는 방법을 찾는다<br>2. 아르바이트나 투잡을 한다면 무엇을 할 수 있을까? 가능하면 행복한 일을 찾는다<br>3. 오랫동안 일을 하려면 무엇을 해야 할까? | | |

것은 수입 파이프라인의 크기를 키우고, 파이프라인의 개수를 늘리고, 꾸준히 오랫동안 물이 나오도록 하는 것이 생애 전반에 걸쳐 소득을 키우는 방법이다.

이렇게 일차적인 진단을 했다면 미래에 발생할 수 있는 리스크를 생각해 보자. 지금 받고 있는 급여가 더 오르거나 내릴 가능성이 있는지 한 번 짚어보자. 또 수입이 발생하는 부업이 있다면 꾸준히 할 수 있는 것인지, 그리고 몇 살까지 경제적 활동을 할 수 있는지 생각해 보자.

현재 자신의 일과 상황을 객관화시켜 제3자의 시각으로 바라볼 필요가 있다. 간단하지만 이런 진단표를 작성해 보고, 리스크와 예측가능한 문제점들을 찾아보면 자신이 하고 있는 업과 직에 대해 좀 더 객관적으로 볼 수 있다.

이런 진단을 계기로 우리는 앞으로 소득의 크기를 더 키우고, 소득의 개수를 더 늘리고, 소득의 기간을 더 길게 하려면 무엇을 해야 할지 찾아야 한다. 그리고 이를 위해서는 먼저 '돈을 더 번다'는 것의 3가지 의미를 이해하고 더 벌기 위한 공부가 필요하다.

# '더 번다'는 것의
# 3가지 의미

'돈을 더 번다'는 말의 일반적인 의미는 '월급을 높이거나 성과 향상을 통해 소득을 더 크게 만드는 것'으로 볼 수 있다. 하지만 앞에서 진단한 기준들로 보면 '돈을 더 번다'는 말에는 '더 많이 벌고, 또 벌고, 더 오래 번다'는 3가지 의미가 담겨 있다는 것을 알 수 있다. 하나씩 살펴보자.

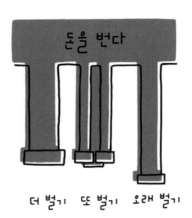

## 더 많이 벌기

첫째, '더 많이 번다'는 것은 말 그대로 돈, 급여나 소득, 매출 등의 크기를 키우는 것이다.

한 달에 월급 200만원을 받던 사람이 야근을 하거나 프로젝트를 수행해서 220만원을 버는 것, 식당을 운영하는 사람이 영업시간을 늘려 월 매출 1억원 하던 것을 1억 5천만원으로 높여 소득을 더 많이 가져가는 것을 '더 번다'고 말한다. 이처럼 생산성을 높이거나 더 많은 시간을 일하면 더 많이 벌 수 있다. 물론 이것이 쉬운 일은 아니다. 직장생활을 하면서 자기계발을 통해 자신을 업그레이드하는 것은 대단한 노력과 성의를 요구한다. 그리고 정규시간을 넘겨 추가근무를 하는 것도 피곤한 일이다. 하지만 '또 벌기'나 '더 오래 벌기'보다는 쉬울 수 있다. 왜냐하면 하는 일을 조금 더 열심히, 지혜롭게, 새롭게 하면 되기 때문이다.


## 또 벌기

둘째, 더 벌기의 또 하나의 방법은 '또 벌기', 즉 현재 하고 있는 메인 직업 외에 부업, 투잡, 사이드 프로젝트 등 다른 직업을 가지는 것을 말한다.

우리는 보통 하나의 직업에 올인해 성과를 내는 사람들을 모범적인 사례로 생각한다. 하지만 언제부터인가 우리 주변에는 자신의 취미를 업으로 삼은 사람, 가족들을 위해 시작한 일이 사업이 된 사람, 지인들과 함께 동업을 하는 사람 등 하나의 소득이 아니라 다양한 소득을 가지고 있는 사람들이 늘어나고 있다. 1인가구가 증가하고 사회의 다양성이 높아지면서 이런 트렌드는 점점 강해질 것이다.

그런데 왜 이렇게 또 벌어야 할까? 워라밸 시대, 저녁이 있는 삶이 중요한 시대에 투잡, 쓰리잡이 웬말인가? 이런 생각을 하는 독자들과 나누고 싶은 스토리가 있다.

주말에 벚꽃이 만개한 석촌호수에 갔는데, 경치가 좋은 곳에서 즉석 사진을 찍어주며 돈을 받는 청년들, 그리고 벚꽃 머리핀을 파는 커플이 있었다. 이들을 보며 이런 생각을 했다.

'이 친구들은 주중에 일을 하는 친구들일까? 아니면 이런 식으로 아르바이트만 하는 친구들일까?'

'만약 이 친구들이 주중에 다른 일을 하고 있다면 주말에 이렇게 일을 또 하는 것이 쉽지는 않을 텐데 참 열심히 사는구나!'

이런 생각을 하다 직장에 다니며 주말에 가끔 아르바이트를 한다던 후배가 생각났다. 그 친구는 무언가 사고 싶거나 하고 싶은 일이 생기면 주말에 고속도로에서 군밤을 팔기도 하고, 놀이공원에서 아르바이트를 하기도 한다고 했다. "주중에 일하기도 힘들텐데 왜 그렇게 힘들게 사느냐?"는 질문에 후배는 이렇게 말했다.

"평소에 지출이나 저축계획을 세워놓았던 것은 건드리고 싶지 않아서요. 그건 그대로 두고, 따로 열심히 벌어서 신나게 쓰려고요."

멋진 친구라는 생각과 함께 그런 에너지가 부러웠다.

혹자는 이런 이야기를 들으면 '뭐 그렇게까지 살아야 하나?'라고 생각할 수도 있다. 하지만 지금의 내 삶이 소중하고 그것을 제대로 살아내고 싶은 욕망이 크다면 우리는 '또 벌기'를 결심해야 한다. 좋고 나쁨의 문제가 아니다. 내가 원하는 삶이 있고 그 삶을 어떻게 살아갈 것인지에 대한 진지한 고민 끝에 찾은 답이 '또 벌기'라면 행복하게 그 일을 감당하는 것이 좋다. 물론 현재의 소득과 삶에 만족한다면 구태여 그럴 필요가 없을 수도 있겠지만….

## 더 오래 벌기

셋째, '더 오래 버는 것'이 '더 버는 것'이다.

지금 당장 소득을 높이지 못하더라도 오랫동안 벌면 생애 전체적으로 볼 때 '더 버는 것'이다. 더구나 평균수명 100세 시대를 바라보는 현실에서 앞으로 중요한 것은 오랫동안 일하는 것이다. 은퇴를 하고 한 달에 100만원을 번다면 1년에 1,200만원이다. 이 돈은 요즘 금리로 따지면 예금 10억원 정도는 있어야 받을 수 있는 이자다. 오랫동안 버는 것은 비단 돈에 국한된 문제가 아니다. 나이가 들면 몸도 마음도 관계도 문제가 생기는데, 어르신 질병의 최고의 특효약은 '할 일'이라는 약이다. 무슨 일이든 일이 있으면 몸도 마음도 관계도 건강해지고 행복지수도 높아진다.

50세를 전후해서 또 다른 사회로 다시 나와야 하는 월급쟁이들은 사실 불안하다. 어디서부터 누구와 어떻게 시작해야 할지 막막하지만 지금부터라도 나이가 들어 할 수 있는 일을 찾아서 준비하고, 현재 하고 있는 일을 최대한 오래할 수 있도록 노력해야 한다.

## 나만의 수입 공식 만들기

'더 벌기'의 세 가지 의미를 생각하면서 나만의 수입 공식을 만들어 보자. 그러면 현재 자신의 수입에 비해 어떻게 하면 더 벌 수 있는지 답을 찾을 수 있다.

예를 들어 식당을 하는 사람들의 수입 공식은 이렇게 만들어 볼 수 있다.

$$Income = N(고객 수) \times P(가격, 객단가)$$

수입을 키우려면 고객 수를 늘리거나 객단가를 높여야 한다. 둘 다 올리면 좋겠지만 파는 상품에 따라 합리적인 매출전략을 수립해야 한다.

차를 팔거나 보험을 파는 세일즈맨이라면 이런 공식을 만들어 볼 수 있다

$$Income = N(면담고객 수) \times R(계약성사율) \times P(가격)$$

수입을 늘리려면 면담을 늘리거나 계약성사율을 높이거나 비싼 차

나 보험료를 높이면 된다. 막연하게 수입을 늘리는 것이 아니라 구체적으로 면담, 성사율, 가격 중 무엇을 높이는 것이 가장 지혜로울지 판단하여 선택과 집중을 하는 것이 좋다.

그렇다면 월급을 받는 샐러리맨들은 어떤 공식을 만들어 볼 수 있을까? 이런 공식이 가능할 것 같다.

**Income = Salary(급여) + Second Income(기고) + Third Income(강의)**

수입을 늘리려면 일차적으로 급여를 높이든지, 기고를 많이 하든지, 강의를 많이 하든지 해야 한다. 한 단계 더 들어가서, 강의 수입을 늘리려면 강의 횟수를 늘리는 것과 강사료를 높이는 것으로 나누어 생각해 볼 수 있다. 그러면 이런 공식이 다시 탄생한다.

**Income = N(강의 횟수) × P(가격, 회당(시간당) 강사료)**

이처럼 자신의 현재 수입과 상황에 매몰되지 말고 유연하게 '더 벌기'에 대해 구체적으로 생각해 보자. 간단한 공식으로 생각해 보면 무엇을 해야 할지 쉽게 답을 찾을 수 있다. 답답했던 현실에서 벗어나는 일은 생각보다 쉬울지도 모른다.

# '더 많이 버는 사람들'의
# 3가지 공통점

우리는 '돈이 많은 사람' 하면 빌 게이츠, 마크 저커버그, 손정의 같은 사람을 떠올린다. 하지만 이런 사람들은 우리와 멀리 있는 사람들이다. 그래서 좀 더 가까운, 하지만 부럽고 배울만한 성과를 내고 있는 사람들을 찾아 그들의 공통점은 무엇인지 정리해 보았다.

나는 《2000년 이후 한국의 신흥 부자들》과 《한국의 젊은 부자들》이라는 책에서 보통사람들이 부자가 되는 다양한 모습들을 발견했다. 적은 돈이라도 아끼고, 기회가 왔을 때 놓치지 않고, 항상 큰 꿈을 꾸며 자신이 처한 현실에 안주하지 않고 부와 성공을 잡은 사람들, 그리고 천박하지 않으며 멋지게 나누며 사는 사람들의 모습을 발견하고 참 기뻤다.

그리고 이 두 권의 책에서 찾아낸 포인트를 적용해 볼 수 있는 나의 개인적인 경험들도 정리해 보았다. 나는 2016년부터 3년 동안 매주 수요일 저녁, 강남에서 〈수요배나채(배우고 나누고 채우는 시간)〉라는 강연 프로그램을 운영했다. 150회 가까이 진행하면서 다양한 강사들을 만났는데, 그중에는 특별히 멋진 젊은이들이 많았다. 금수저도 아니고, 엄청난 학벌을 가진 것도 아니지만 자신이 원하는 일을 하며 또래들보다 훨씬 많은 돈을 벌면서 성장하고 있는 친구들과 많은 대화와 상담을 했다.

이렇게 책과 사람들과의 경험을 바탕으로 돈을 버는 사람들의 3가지 공통점을 정리해 보니 다음과 같았다.

첫째, Why에서 시작한다.
둘째, 꿈과 목표가 뚜렷하다.
셋째, One Thing, 한 가지에 집중하고 지속한다.

돈을 잘 버는 사람들은 '자신이 왜 일을 하는지' 확실히 알고 있고, 명확한 꿈과 목표를 가지고 있었다. 그리고 선택과 집중을 할 줄 알았다. 우리도 이들의 공통점을 살펴보고 제대로 익혀 돈 버는 능력을 키워보자.

# Why에서 시작하라

## 벽기. 일과 업에 대한 프레임

어느 더운 여름날, 뙤약볕을 맞으며 벽돌을 쌓고 있는 인부들에게 지나가던 행인이 물었다.

"이렇게 더운데 지금 무엇을 하고 계신 건가요?"

이 질문에 세 사람은 서로 다른 대답을 했다.

첫 번째 인부는 "보면 모르쇼? 벽돌을 쌓고 있지 않습니까?"라고 말했다.

두 번째 인부는 이렇게 말했다. "먹고 살려고 돈 벌고 있지요."

마지막 인부의 대답은 "하나님께 바칠 세상에서 가장 멋진 성당을 짓고 있지요."였다.

이 이야기는 다양한 버전이 있는 〈벽돌공 이야기〉 중 하나이다. 같은 일을 하고 있지만 무엇을 생각하는지에 따라 인식이 다르다는 것이다. 그리고 그 인식에 따라 성과와 행복지수도 달라진다.

세상에는 다양한 부자들이 있고 그들 수만큼이나 부자가 된 이유를 설명하는 책이나 방법들도 많다. 하지만 그 수많은 책과 칼럼과 강의에서 '돈을 쫓아라! 그리하면 돈을 벌 것이다'라고 주장하는 사람은 아직 보지 못했다. 대부분 이렇게 말한다.

"돈을 쫓지 말고 사명을 쫓아라!"

"가슴이 두근거리는 일을 하라!"

"머리가 아니라 심장이 시키는 일을 하라!"

이런 내용을 가장 간결하고 임팩트 있게 정리한 책이 바로 사이먼 사이넥의 《나는 왜 이 일을 하는가?(Start with Why)》이다.

## Why에서 시작하라(Start With Why)

Why? 왜 나는 이 일을 하는가?

Why? 왜 우리는 여기에 모여 있는가?

Why? 왜 우리는 이 상품을 생산하는가?

Why? 왜 나는 이 직업을 선택했는가?

이런 Why에 대한 명확한 인식이 있을 때 소비자들을 설득할 수 있고 유혹할 수 있다. 사이먼 사이넥은 책에서 이러한 성공의 법칙을 골든 서클을 활용해 설명하고 있다.

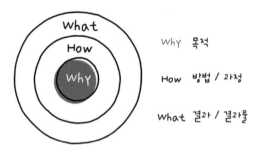

"당신은 무엇을 하고 있습니까?"

"당신이 판매하는 상품은 무엇입니까?"

이런 질문을 들으면 우리는 대부분 What이나 How로 대답한다. 벽돌을 쌓고 있거나, 컴퓨터를 제조하거나, 금융컨설팅을 한다고 말한다. 여기에 조금 더 의욕적인 생각을 가진 사람들은 어떻게 하면 벽돌을 잘 쌓을 수 있는지, 컴퓨터의 처리속도를 높일 수 있는지, 어떻게 하면 아주 논리적이고 차분하게 상대방을 잘 설득할 수 있는지를 말한다.

하지만 Why를 말하는 사람은 목소리가 크고 들떠 있고 열정적이다. 하나님께 바칠 최고의 성당을 만든다는 흥분, 사람들이 일을 빠르게 처리할 수 있도록 돕는다는 기쁨, 고객의 재산을 지키고 안정된 노후를 누리도록 만드는 컨설팅에 대한 열정을 웅변한다.


## 당신의 Why는 무엇인가?

21세기에 성공하는 사람들은 제품(what)과 기능(how)이 아니라 신념, 동기, 이유 등의 'Why'를 말한다. 그리고 고객들은 이런 Why에 반응한다.

미국의 저명한 미래학자 다니엘 핑크는 《드라이브》에서 4.0시대 성공하는 사람들의 공통점은 '내재적 동기'라고 말한다. 그리고 내재적 동기의 가장 중요한 요소는 '의미 있는 목적', 즉 자신에게 도움이 되는 일보다 사회적으로 또는 타인에게 의미 있는 일을 할 때 사람들은 몰입하고 성과를 낸다는 것이다. 그것이 바로 'Why가 중요한 이유'다.

잘 벌고 싶은가? 부자가 되고 싶은가? 성과를 내고 싶은가? 당신이 직장인이든, 식당을 하는 자영업자이든, 사업을 하는 사업가이든 누구라도 '나는 왜 이 일을 하는가?'에서 시작해야 한다. 수많은 일들 중에서 지금 현재 하고 있는 일을 선택한 이유가 명확할 때 우리는 더 열정적으로 몰입할 수 있고 성과를 낼 수 있다. 약간 들뜬 흥분으로 사람들을 만나 설득하고 공감시키고 팬이 되게 해야 한다. 그래야 이 치열한 경쟁사회에서 이기고 돈을 벌 수 있다.

당신의 Why는 무엇인가? 당신을 들뜨게 하고 사람들을 전염시키고 당신을 브랜드로 만들 당신의 Why는 무엇인가? 그것을 찾으면 당신은 지금보다 더 부자가 될 수 있다!

# 꿈의 목록을 만들어라

## 꿈의 목록으로 행복한 머니스토리를!

돈을 버는 것이 늘 즐겁지만은 않다. 때론 진상고객들을 상대해야 하고, 경쟁자들과 처절한 생존투쟁을 벌여야 할 때도 있다. 이럴 때 피하고 싶고 중단하고 싶은 마음을 이기고, 좀 더 행복한 머니스토리를 만들려면 무엇이 필요할까?

NPTI연구원에서 1,800여 건의 진단을 분석해 본 결과 부자와 가난한 사람을 결정하는 가장 중요한 요소는 '꿈과 목표'였다. 꿈과 목표가 있으면 돈을 벌기 위해 더 열심히 노력하고, 내일을 위해 더 아끼고, 효과적으로 더 불리기 위해 노력한다.

그럼, 행복한 머니스토리를 위해 꿈과 목표가 왜 중요한지, 어떤 의미가 있는지 알아보자.

## 접근동기와 회피동기

공부를 열심히 해 SKY 대학에 합격한 철수와 정은이가 있다. 철수는 교육학을 전공해 좋은 교사가 되고 싶어 열심히 공부했다. 정은이는 SKY 입학을 기본으로 생각하는 부모님의 압박에 꾸중을 듣지 않으려고 공부했다. 두 친구는 모두 열심히 공부했고, 좋은 성적을 얻어 좋은 대학에 입학했다. 과연 이 두 친구들은 결과가 좋으니 모두 행복할까?

철수는 하고 싶은 공부를 하게 되어 기쁘고 대학생활에 대한 기대감으로 행복하고 즐거운 시간을 보내고 있다. 하지만 정은이는 조금 다르다. 부모님께 꾸중을 듣지 않아도 되기 때문에 안심하고 있다. 이처럼 동기가 달랐던 만큼 결과에 대한 반응도 다르다. 어릴 적 열심히 공부를 했을 당신은 이 두 친구 중 누구와 비슷한가?

우리가 무언가를 할 때는 반드시 동기가 있다. 아주대 심리학과 김경일 교수는 그의 책 《지혜의 심리학》에서 동기를 접근동기와 회피동기로 나누어 설명한다.

접근동기는 철수처럼 무언가 원하는 것을 얻기 위해, 이루고 싶은 목적에 접근하기 위해 노력하는 것이고, 회피동기는 정은이처럼 두렵고 어렵고 불편한 상황을 회피하고 벗어나기 위해 무언가를 할 때의 동기다. 두 가지 동기 중 어떤 것이 좋고 어떤 것이 나쁜 것은 아니다. 단지 무언가를 얻기 위해 노력해야 할 때가 있고, 무언가를 막고 방지하기 위해 노력해야 할 때가 있을 뿐이다.

지금까지 우리 사회는 주로 회피동기를 자극해 왔다. 어릴 때 우리는 부모로부터 이런 얘기를 많이 들었고 지금은 우리가 자녀들에게 하고 있다.

"공부 못하면 평생 힘들게 살 거야!"

"좋은 대학 못 가면 인생 낙오자가 된다."

"대기업 취직 못하면 결혼도 못한다."

"밥 안 먹으면 키 안 커!" 등등

이런 말들은 회피동기를 자극하는 말이다. 이런 말을 들으며 열심히 공부하고 밥을 잘 먹어 키가 컸다면 인생 낙오자가 되지 않아서, 결혼할 수 있는 대기업에 취직해서, 키가 커서 '행복'해지는 것이 아니라 '안심'이 되는 것이다. 이렇게 되면 두렵고 어렵고 피하고 싶은 상황을 벗어날 수는 있지만 행복하지도 않고 기쁘지도 않다. 이처럼 회피동기에 의해 움직이는 개인과 사회는 안전할 수 있지만 행복하지는 않은 것 같다.

물론 지금 당장 회피해야 할 일, 사고를 예방해야 할 일에는 회피동기를 자극해야 한다. 하지만 행복하려면 장기적인 관점에서 접근동기를 활용해야 한다. 하고 싶은 일을 하고, 무언가를 얻기 위해 노력해서 얻었을 때 더 큰 행복과 기쁨이 있는 것이다.


## 행복한 머니스토리를 만드는 꿈의 목록

이렇게 우리 마음 속에 있는 접근동기를 가장 잘 표현할 수 있는 것이 '꿈의 목록'이다. 그리고 꿈의 목록을 시간과 숫자로 구체화해서 표현한 것이 바로 '목표'다. 원하는 것을 구체적이고 뚜렷한 목표로 표현할 때 접근동기가 발동하고, 그것을 이루었을 때 우리는 행복해질 수 있다.

아끼고 아끼고 아껴서 가족여행 경비를 저축한 두 가장, 길동과 몽룡이 있다.

길동은 아내와 아이들과 함께하는 일본 여행을 오랫동안 꿈꿔왔다. 커피를 좋아하는 아내와 함께 가고 싶은 일본의 커피 전문점 목록을 만들어 놓았고, 아이들과 함께 디즈니랜드에 가서 같이 타고 싶은 놀이기구를 정해 놓았다. 이번 여름은 아이들과 함께 첫 해외여행을 가는 행복하고 즐거운 계절이 될 것이다.

몽룡도 올 여름에 가족과 함께 일본 여행을 가기로 했다. 하지만 몽룡은 그리 즐겁거나 행복하지 않다. 해외여행을 한 번도 못 갔다는 가족들의 비난에 어쩔 수 없이 가는 여행이기 때문이다. 별로 가고 싶지 않지만 아내와 아이들의 등쌀에 어차피 한 번은 가야 할 일이니 즐거운 마음으로 다녀와야겠다는 생각을 하며, 그동안 모은 돈을 아내에게 건네며 알아서 계획을 짜보라고 말한다.

일본 여행을 가기 위해 돈을 아끼고 모은 돈을 쓰는 상황은 같지만 두 사람이 느끼는 감정은 이처럼 많이 다르다. 그런데 나 자신도 그렇고 의외로 우리 주변을 살펴보면 몽룡 같은 사람들이 많다. 그리고 몽룡과 같은 상황이라면 돈이 많고 소득이 높아도 행복하지 않은 것이 현실이다.

그래서 우리는 즐겁고 행복한 삶, 즐겁고 행복한 돈 관리를 위해 꿈의 목록이 필요하고, 최대한 꿈의 목록을 구체화시켜야 한다.

## SMART한 꿈의 목록 수립

돈을 모으는 목표가 행복해지려면 꿈의 목록이 SMART해야 한다. 여기서 SMART란 꿈과 목표가 명확해야 하고(Specific), 측정가능하고 달성가능해야 하며(Measurable, Achievable), 의미가 있고(Relevant), 기간이 정해져 있어야 한다(Time bound)는 것이다. 이에 대해 구체적으로 알아보자.

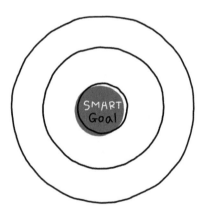

SMART 목표설정 기준

Specific
| 구체적인 달성목표
Measurable
| 측정 가능한 목표
Achievable
| 달성 가능한 목표
Relevant
| 적절한 목표
Time bound
기한이 정해진 목표

SMART Goal

첫째, 꿈과 목표는 구체적이고 명확해야 한다(Specific).

자동차 구입이 아니라 '그랜저 3.0을 사겠다'는 것이 좋고, 아파트를 사겠다는 것이 아니라 분당 서현동에 32평형 아파트를 사겠다는 것이 좋다.

둘째, 꿈과 목표는 측정가능한 것이 좋다(Measurable).

좋은 집, 좋은 차, 좋은 사무실은 측정가능하지 않다. 가능하면 숫자로 표현되어 측정가능해야 한다. '10억을 모으겠다'는 측정할 수 있지만 '부자가 되겠다'는 측정할 수 없다.

셋째, 꿈과 목표는 달성가능해야 한다(Achievable).

지금 소득이나 재산상태와 전혀 상관없는 황당한 목표는 목표로서 의미가 없다. 어떤 이에게 100억은 달성가능하지만 어떤 이에게는 막연한 환상에 불과하다. 현실을 반영해 달성가능한 목표를 수립해야 한다.

넷째, 꿈과 목표는 의미가 있는 것이어야 한다(Relevant).

여행을 좋아하지 않는 사람이 세계일주라는 다른 사람의 목표를 자기 것으로 삼는 것, 집을 갖고 싶은 욕망이 없는 사람이 주변에서 하도 아파트 아파트 하니까 아파트를 사겠다는 꿈을 설정하는 것은 적절하지 않다. 돈은 누군가의 삶과 연결될 때 의미를 갖는다.

다섯째, 꿈과 목표는 기간이 정해져 있어야 한다(Time bound).

'2020년까지'라고 기간이 정해져 있는 목표와 기간이 없는 목표는 완전히 다르다. 좋은 목표는 기간이 정해져 있다.

# 꿈이 이끌어 가는 행복한 머니스토리

어떤 이는 죽기 전에 반드시 해야 할 일이라는 의미를 두고 '버킷리스트'를 작성한다. 어떤 이는 라이프사이클을 그리며 구체적인 재무목표를 하나씩 작성하고 그것에 맞는 포트폴리오를 구성하기도 한다. 어떤 방법을 써도 좋지만 이것 하나는 분명히 기억해야 한다. 우리가 살아가면서 돈이 필요한 이유는 미래를 준비하지 않으면 위험하기 때문이기도 하지만, 우리가 즐겁고 행복하기 위해서이기도 하다. 많은 사람들에게 돈의 목표를 적어보라고 하면 회피동기에 의한 재무목표들만 생각하는데, 그것들 외에 가족들과 해외여행, 혼자 즐기고 싶은 취미, 누리고 싶은 사치도 적어보자. 그 목표들이 우리의 벌기와 불리기를 즐겁게 한다.

목표 달성도 자꾸 해보고 익숙해져야 재미가 있다. 책을 쓰고 싶다면 평소에 일기를 쓰고 블로그에 글쓰기를 시도해 보는 것이 좋다. 또 월 1만원, 3만원으로 하는 가벼운 투자를 해보자. 이렇게 쉽고 재미있는 목표를 목록에 포함시키고 그것을 달성했을 때 스스로를 격려하고 축하해 보자. 그래야 목표 달성에 재미를 느끼고 어려운 목표에도 도전하는 힘을 가질 수 있다. 그리고 달성한 목표들에 대해서는 시작과 달성 시점을 따로 적어두면 힘이 들거나 흥미가 떨어졌을 때 도움이 된다.

그리고 목표가 계속 나를 자극하도록 해야 한다. 목록을 적어 놓고 그 종이를 아무데나 방치해 두면 목표를 적는 의미가 없다. 항상 목표를 보고 기억하고 자극받는 것이 필요하다. 그러려면 핸드폰 바탕

화면에 목표를 적은 사진을 깔아 놓든지, 늘 볼 수 있는 모니터 옆이나 책상 위 달력에 그 목표들이 잘 보이도록 붙여 놓는 것이 좋다. 무엇보다 '꿈의 목록' 숫자를 정해 놓고 그것을 매일 노트에 적어보면 목표가 아주 강력하게 나를 자극하는 경험을 하게 된다. 목표를 하나하나 손으로 적어나가면서 그 목표를 달성하기 위해 무엇을 해야 할지, 어떻게 하는 것이 좋을지 묻고 답하면서 목표를 향해 조금씩 나아가 보자.

꿈이 있는 사람은 돈을 벌 때, 돈을 쓸 때, 돈을 불릴 때 꿈이 없는 사람과 다르게 행동한다. 꿈의 목록을 매일 적는 사람은 돈을 벌 때 한 번 더 움직이고, 돈을 쓸 때 한 번 더 고민하고, 투자할 때 한 번

| Dream List | | |
| --- | --- | --- |
| 나의 꿈, 나의 목표 | 수립일 | 달성일 |
| 책 쓰기 | 4월 30일 | 5월 25일 |
| 몸 무게 10kg 감량 | 6월 30일 | 7월 20일 |
| 월 소득 700만원 달성 | 8월 30일 | 7월 30일 |
| 제주도 일주일 흥행 | 8월 30일 | |
| 연간 책 50권 읽기 | 12월 31일 | |
| 커피값 절약, 아이패드 사기 | 6월 30일 | 7월 25일 |
| 10km 러닝 | 9월 30일 | |
| 유튜브 채널 시작하기 | 6월 1일 | 6월 1일 |
| FP 책 쓰기 교실 | 11월 30일 | |

더 묻는다. 그리고 하나씩 이루어가면서 점점 더 행복감을 느낀다.

꿈이 이끌어 가는 삶은 훨씬 더 행복하다. 오늘 노트에 적은 돈에 대한 꿈이 우리의 머니스토리와 라이프스토리를 행복하게 만든다. 매일 꿈의 목록을 적고, 그것을 하나씩 달성해 나가고, 꿈의 크기를 키워나가는 모습은 행복한 삶의 전형이 될 것이다.

# One Thing, 한 가지에 집중하고 그것을 지속하라

평범한 사람이 비범한 결과를 만드는 유일한 방법은 '평범한 일을 지속하는 것'이라고 한다. 무엇이든 오랫동안 지속하게 되면 비범한 결과를 남긴다는 것이다. 오늘 우리의 모습은 어제까지 지속적으로 반복해 온 것들의 결과물이다. 매일 아침 운동을 하는 사람은 건강한 몸을 남기고, 매일 저녁 지속적으로 술을 마셔온 사람은 상한 간을 남긴다. 어쩌다 술 한 번 과음했다고 간이 망가지지는 않겠지만 지속적으로 반복하면 몸이 망가진다. 어쩌다 먹은 불고기가 너무 맛있어서 과식을 했다고 살찌는 것이 아니라 지속적으로 먹는 일상의 군것질이 뱃살로 남는다.

이처럼 그것이 무엇이든 현재 나의 모습, 우리 조직의 모습, 우리 사회의 모습은 지속적으로 반복해 온 무언가의 결과다. 그것을 바꾸고 싶다면 우리가 평상시에 무엇을 반복적으로 지속하고 있는지 찾아보고 그것을 바꿔야 한다.

# 부와 가난은 지속적으로 반복해 온 행동의 결과

한 번의 실패와 성공, 한 번의 기회가 우리의 부와 가난을 결정하고 행복과 불행을 가른다고 생각하는 사람들이 많다. 하지만 가만히 생각해 보면 벌고, 쓰고, 불리고, 나누는 행동들이 차곡차곡 모여 성공과 실패로 나타나고 현재 나의 재산상태를 만든다. 돈에 대한 그 행동들 중에서 지속적으로 반복하는 무언가가 지금 내 상황을 결정하는 경우가 많다.

TV 프로그램 〈생활의 달인〉에서 본 호떡의 달인은 늘 똑같은 일을 반복한다. 그의 일과는 정해져 있고, 그 패턴을 지속적으로 반복한다. 그런데 자세히 보면 그는 전국의 수많은 호떡 장수들과 무엇을 반복하는지, 어떻게 반복하는지에서 조금 달랐다.

호떡의 달인은 '어떻게 하면 좀 더 맛있고 건강한 호떡을 구울 수 있을지' 스스로에게 질문하고 답을 찾아 나간다. 그는 가장 맛있게 팔 수 있을 만큼만 하루의 반죽 양을 정해 놓고 그것을 다 팔면 문을 닫는다. 장사를 마치고 밤에는 가장 맛있고 건강한 호떡을 만들기 위해 호떡 반죽을 연구하고 반죽을 발효시키며 반죽의 비법을 만들어 간다. 밀가루 음식인 호떡이 소화가 안 된다는 사람들을 위해 호떡 반죽에 무화과 열매를 사용해 보고, 견과류가 가진 느끼함을 잡기 위해 톳을 사용해 보기도 한다.

호떡의 달인은 항상 호떡만 생각한다. 자신이 팔고 있는 호떡이 최고가 되기를 원한다. 그래서 다른 사람들은 하지 않는 특별한 일과를 반복한다. 하나의 호떡이 만들어지는 과정, 반죽을 준비하는 과정을 보면 그 정성과 에너지가 엄청나다.

하지만 모든 호떡 장수들이 달인처럼 하지는 않는다. 하루가 끝나면 징그러운 호떡 생각은 더 이상 하고 싶지 않다. 더 맛을 내기 위한 노력이나 수고를 하기에는 너무 피곤하다. 재료에 대한 고민은 장사가 끝나면 멈춘다. 반죽은 처음 장사를 시작할 때 배운 방법에서 하나도 바꾸지 않는다. 오가는 손님에게도, 자신이 파는 호떡과 가게 분위기에도, 고객의 요구와 평가에도 별 관심이 없고, 손님이 없을 때면 스마트폰만 보면서 시간을 보낸다.

이처럼 '호떡을 구워 판다'는 점에서 같은 일을 하고 있는 것 같지만 지속적으로 반복하는 모습이 다르다. 그래서 결과도 다르다. 어떤 사람은 남들이 무시할 수도 있는 장사를 하면서 큰 부를 만들어 가고, 어떤 이는 계속 그냥 그대로 살면서 푸념만 한다.


## One Thing, 변화를 원한다면 한 가지에 집중하라

'돈 벌기'를 통해 재산상태를 바꾸고 통장 잔고를 바꾸고 싶다면 지금 우리에게 가장 중요한 것을 찾고, 그것을 지속해야 한다. 제이 파파산과 게리 켈러는 《원씽(THE ONE THING)》에서 "한 가지에 집중하라"고 말한다.

우리는 지금 너무 많은 일의 목록에 빠져 허우적대느라 정작 중요한 것이 무엇인지는 찾지도 못하고 실행하지도 않으면서 산다. 하지만 성공한 사람들은 한 가지에 집중한다. '왜 이 일을 하는가?'에서

시작해 '이 목표를 달성하는데 가장 핵심적인 일은 무엇일까?'라는 질문을 통해 가장 우선순위에 두고 집중할 것을 찾는다. 그리고 한 가지를 찾으면 그것에 집중한다.

그것은 호떡 반죽을 제대로 준비하는 것일 수도 있고, 호떡에 넣을 좋은 견과류를 준비하는 것일 수도 있고, 호떡을 빨리 굽는 방법일 수도 있다. 고객과의 통화일 수도 있고, 블로그에 쓰는 홍보 글쓰기일 수도 있다. 이런 것들 중에서 먼저 그것을 실행함으로써 자신의 일이 확실하게 변할 수 있는 것을 선택해야 한다.

그리고 무엇이든 한 가지를 정했다면 지속적으로 해내기 위해 시간을 따로 투자해야 한다. 하루 중 이 한 가지에 집중할 시간을 정하고 그 시간은 다른 일이 아니라 이 한 가지에 집중해야 한다.

이때 가능하다면 별도의 장소를 선택해야 한다. 특별한 일이 없는 한 늘 같은 시간에 같은 장소에서 같은 일을 하고 있어야 한다. 그리고 나뿐만 아니라 주위에 있는 사람도 그것을 알고 인정해야 한다.

| One Thing | |
|---|---|
| 현재 가장 중요한 One Thing은? | 《머니 프레임》 책 출간 |
| 그 일을 하면 어떤 변화가 기대되는가? | 상담과 코칭, 강의 신청 증가 |
| 언제 그 일을 할 것인가? | 5월까지 매일 아침 2시간씩 |
| 어디서 그 일을 할 것인가? | 매일 아침 위워크 8층 오픈 플로어에서 |

그래야 제대로 집중하고 일에 진전이 생기고 열매를 맺을 수 있다.

'사람이 바뀌었다'는 소리를 듣는 것은 쉬운 일이 아니다. 하지만 바뀌지 않으면 늘 똑같은 결과에서 벗어나지 못한다. 부자의 꿈을 꾸고 경제적 자유를 원한다면, 지금 내가 하고 있는 일을 생각해 보면서 질문을 해보자.

'Why? 나는 왜 이 일을 하는가?'

'나를 흥분시키는 꿈과 목표는 무엇인가?'

'그것을 달성하기 위해 가장 중요한 한 가지는 무엇인가?'

이 질문에 대한 답을 찾는 과정에서 많이 벌고 의미 있는 가치를 많이 만들어 보자.

# 돈을 부르는 꿈과 목표에 대하여

## Q ———

수입이 지금보다 2배가 된다면 구체적으로 무엇이 어떻게 달라질까
요?
그 변화를 상상하면 어떤 느낌이 드나요?

## A ———

---

---

---

---

---

---

## 소득을 10배로 늘리겠다고 결심하라

스노우폭스 그룹 김승호 회장은 소유 및 투자 중인 기업의 총매출이 연간 3,500억원이며, 개인 재산은 약 4,000억원에 달하고, 부채가 제로인 자산가다. 한국에 150억원, 미국 뉴욕에 400억원을 투자하여 SNOW FOX라는 그랩&고(GRABNGO) 개념의 레스토랑을 연이어 오픈하고 있다.

그는 《알면서도 알지 못하는 것들》이라는 책에서 소득을 10배로 올리는 3가지 방법을 알려 주는데, 그중 첫 번째가 생각을 바꾸는 것이다. "소득을 10배로 늘리겠다는 결심 자체를 해야 한다. 결심하고 목표로 설정하는 일이 돈을 버는 일의 시작이다"라고 말한다.

김승호 회장은 생각의 중요성을 매우 강조한다. "생각은 물리적인 힘이다"라고 말하면서 큰 생각을 가질수록, 큰 목표를 가질수록 큰 힘을 갖게 된다고 말한다. 특히 젊은 창업가들, 돈을 벌고 싶은 젊은 이들에게는 꿈과 목표를 가지라고 말한다. 그리고 그 꿈과 목표가 자신의 삶을 이끌어 갈 수 있도록 하라고 조언한다.

"순풍이란 배가 가기에 좋은 바람을 말한다. 하지만 배가 가야 할 방향이 정해져 있지 않다면 아무리 좋은 바람이 불어도 의미가 없다. 우리는 늘 순풍을 기다리지만 인생이든 사업이든 방향이 정해지지 않으면 순풍은 쓸모가 없다. 하지만 목적지가 정확하면 어떤 바람도 순풍으로 이용할 수 있다. 역풍이나 폭풍도 목적지에 더 빨리 이르게 하는 바람으로 이용할 수 있다."

막연하게 돈을 많이 벌고 싶다는 생각, 지금의 답답한 현실을 벗어나고 싶다는 생각, 이런 생각과 바람만 가지고 있는 것은 아무 의미가 없다. 아주 구체적으로 얼마를 벌고 싶은지, 왜 그만큼 벌고 싶은지, 목표한 돈을 벌면 내 삶에 어떤 변화가 생길 것인지를 아주 구체적으로 생각해 보고 그려보고 목록을 작성하고 집중하는 것이 매우 중요하다.

지금보다 소득이 2배, 5배, 10배로 오르면 어떤 변화가 생길까? 일, 사업, 가정, 관계는 어떻게 바뀌고, 그런 변화가 생기면 나는 어떤 느낌으로 세상을 살아갈 수 있을까? 생생하게 꿈꾸고 매일 그 꿈과 느낌에 집중하라. 그러면 돈에 대한 나의 굳어 있는 생각과 습관, 바뀌지 않는 나쁜 태도들이 나를 떠나고, 새로운 세상으로 나를 이끄는 새로운 생각과 태도들이 생겨날 것이다. 그리고 바뀐 생각과 태도가 나의 수입을 2배, 3배, 5배, 10배로 늘려 줄 것이다. 그러니 생각을 바꾸는 것, 목표를 갖는 것, 꿈을 구체적으로 그려보는 것에서 시작하라.

# 쓰는 능력 키우기

돈을 잘 벌면서도 늘 가난한 사람이 있다. 같은 직장에서 같은 월급을 받아도 시간이 지나면 가진 돈은 차이가 난다. 이런 현상은 대부분 돈을 쓰는 능력이 다르기 때문이다.

돈을 쓰는 능력은 들어온 돈을 잡아두는 힘과 내가 원하는 소비를 선택할 수 있는 힘, 두 가지로 이루어진다. 오늘 쓸 돈과 내일 쓸 돈을 구분하여 내일 쓸 돈은 잡아두고, 오늘 쓸 돈은 필요한 곳에 제대로 쓰는 능력을 키워야 행복한 부자의 길을 갈 수 있다.

# '돈을 잘 쓴다는 것'에 대하여

돈을 잘 쓴다는 것, 돈을 잘 다룬다는 것은 어떤 걸까? 잘 아끼면 되는 걸까?

지인들과 함께 경기도 인근에 있는 퍼블릭 골프장에 갔을 때의 일이다. 그곳은 골프를 치고 나서 골프백을 자신이 직접 차에 실으면 돈을 내지 않지만 직원에게 맡기면 3천원을 내는 골프장이었다. 사람들은 대부분 3천원을 내고 이 서비스를 이용했는데, 일행 중 한 분이 직접 골프채를 들고 가 차 트렁크에 넣으면서 3천원을 아끼는 모습을 보고 살짝 놀랐다. 왜냐하면 그분이 우리 일행 중에서 가장 부자였고, 가장 연장자였기 때문이다.

이런저런 생각들이 스쳐 지나갔다. '저분이 그렇게 알뜰한 분이셨나?' '얼마 된다고 그런 걸 아끼나?' '여기서 일하는 사람들도 먹고 살아야지'라는 생각이 들기도 하고, '저렇게 해야 부자가 될 수 있는 걸까?'라는 생각도 들었다.

여기서 이야기를 멈추면 구두쇠 짓을 하면서 돈을 모은 꼰대의 모습을 떠올릴 수 있다. 하지만 그분은 그렇지 않았다. 운동을 마치고 함께 맛있는 저녁을 먹었다. 누가 계산을 했을까? 적지 않은 돈이었지만 식사대는 3천원을 아낀 그분이 아주 기분 좋게 계산했다.

돈을 잘 쓴다는 것, 지혜롭게 돈을 쓴다는 것이 무엇인지 마치 '돈은 이렇게 쓰는 거야'라고 가르쳐 주는 것 같았다. 자신이 필요하다고 생각하는 지출은 큰돈이라도 쓸 줄 알고, 불필요한 지출이라고 생각하면 적은 돈이라도 아끼는 모습을 보면서 '멋진 부자가 되려면 저렇게 해야 하는구나'라는 생각이 들었다.

이처럼 돈을 잘 쓴다는 것은 무작정 아끼는 것이 아니다. 상황이나 주위의 시선을 의식하지 않고 스스로 판단해 필요한 지출과 필요하지 않은 지출을 구분해서 쓰는 것, 자기 나름대로 소비에 대한 기준이 있고 그 기준을 지키는 것, 자신의 소득범위 내에서 원칙을 가지고 지출하는 것이 돈을 잘 쓰는 것인데 우리는 대부분 소득범위 내에서 쓰는 능력을 잃어버리고 있다.

## 소득과 지출에 대한 프레임

우리는 늘 돈을 쓰면서 산다. 지하철을 타고, 커피를 마시고, 점심을 먹고, 동료들과 소주 한잔을 하며 아침부터 저녁까지 다양한 곳에서 적지 않은 돈을 쓰면서 살아간다. 여기서 우리는 돈을 소비하는 프레임을 두 가지 공식으로 나타낼 수 있다.

<table>
<tr><td>

**〈지출 프레임 공식 ①〉**

현재의 지출 =
현재의 소득 + 미래의 소득

어제보다 오늘
점점 더 가난해진다.

</td><td>

**〈지출 프레임 공식 ②〉**

현재의 소득 =
현재의 지출 + 미래의 지출

어제보다 오늘
점점 더 부자가 된다.

</td></tr>
</table>

(출처 : 희년은행 재무상담사 양성과정 교재)

첫 번째는 점점 더 가난해지는 프레임이다. 오늘 지출을 하면서 지금 가지고 있는 돈과 곧 생길 보너스, 승진하면 오를 급여, 다음 달에 나오는 월급을 미리 당겨서 쓴다. 그래서 돈은 항상 부족하고 시간이 갈수록 부채는 점점 늘어난다.

두 번째는 점점 더 부자가 되는 프레임이다. 오늘 번 돈으로 지금도 살아야 하고 미래에도 살아야 한다고 생각하고 일정 부분은 저축을 한다. 시간이 지나갈수록 자산이 점점 늘어 간다.

당신은 어떤 공식에 따라 소비를 하고 있는가? 당신의 소비생활을 드러내는 공식은 어떤 것인가? 개인마다 다르겠지만 첫 번째 프레임으로 살아가는 사람들이 많다. 너무 쉽게 미래의 소득을 당겨쓰고 있다. 그래서 가계부채는 점점 늘어가고, 우리는 점점 가난해진다. 시간이 지나면 우리 모두가 신용불량, 파산을 경험하게 될 것 같다. 이런 상황에서 한 방 위기가 닥쳐오면 어쩌지 못하고 손을 들어 버리게

된다. 당장 두 번째 프레임, 즉 오늘의 소득을 미래를 위해 저축하는 삶으로 바꾸어야 한다

물론 돈을 잘 쓴다고, 지혜롭게 쓴다고 바로 부자가 되는 것은 아니다. 하지만 건강한 가정경제를 만들 수는 있다. 일단 우리의 소비 행태를 두 가지 공식에 빗대어 생각해 보고, 만약 첫 번째 공식대로 살고 있다면 생각을 바꿔야 한다. 그렇지 않다면 멀지 않은 시기에 아마도 당신은 빚의 무게에 점점 힘겨워하며 결국 손을 들게 될 것이다.


## 적게 쓰고 저축을 늘려라

---

세계 최고의 부자 중 한 명이었던 헨리 포드는 부자가 되는 세 가지 방법을 이렇게 말했다.

첫째, 재산을 상속받아라.

둘째, 부자와 결혼해라. 첫째와 둘째가 안 된다면

셋째, 버는 돈보다 적게 쓰고 나머지는 저축하라.


맞는 말이긴 하지만 기분이 별로 좋지는 않다. 결국 아껴 쓰고 저축하는 방법밖에 없는 흙수저들을 놀리는 말로 들리기도 한다. 진리는 늘 그렇게 진부하고 상식적이다. 하지만 부자가 되는 길이 그렇게 쉬운 것은 아니다. 돈을 많이 버는 사람이나 적게 버는 사람이나 버는 돈보다 많이 쓰면 답이 없다. 버는 돈보다 적게 쓰고 나머지를

저축하면 누구나 시간이 지나가면서 자산이 불어나겠지만, 그게 쉽지 않기 때문에 우리 주변에는 신용불량자가 넘쳐나고 가계부채가 1,600조원을 넘어선 것이다.

'돈의 감각'을 찾고 돈을 잘 쓰는 능력을 키우는 것은 내가 힘들게 번 돈에 대한 예의이자 사랑이다. 이제 차근차근 우리가 번 돈을 잘 관리하고 지혜롭게 쓰는 방법들을 찾아보자.

# 돈의 감각을 키우는
# 1분 지출기록법

돈을 잘 쓰기 위해 가장 필요한 것은 '돈에 대한 감각'이다. 그리고 돈의 감각을 키우기 위해서는 먼저 지출을 기록하여 돈이 어디로 새고 있는지를 파악해야 한다. 지출을 기록하면 돈이 어디로 들어와서 어디로 흘러가는지, 내가 사용하는 돈의 규모는 어느 정도이고 변화를 위해서는 무엇을 해야 하는지 감각이 생긴다. 이렇게 해서 감각이 생기면 돈을 다룰 수 있는 능력을 키울 수 있다. 그래서 많은 사람들이 가계부 쓰기에 도전한다.

하지만 사람들이 가계부 쓰기에 항상 실패하는 이유는 돈의 감각이 생기기도 전에, 빽빽한 가계부 양식에 구분하고 정리하고 기록하고 반성하는 일에 지쳐버리기 때문이다. 오늘 하루 기록했다고 내일 부자가 되는 것도 아니니 '오늘부터'가 '내일부터'가 되고 어느덧 날짜는 훌쩍 지나가고 가계부는 군데군데 비어간다.

## 1분 지출기록법으로 시작해 보자

그렇다면 돈 관리를 좀 쉽게 하는 방법은 없을까? 최대한 쉽고 간단하게 하면서 돈의 감각을 키울 수 있는 방법은 없을까? 게으른 '베짱이' 스타일인 사람들도 실천할 수 있는 방법, 꼼꼼하지 못하지만 부자가 되고 싶고, 재무적인 안정을 누리고 싶은 보통사람들이 사용할 수 있는 방법은 없을까? 매번 도전했다가 실패하는 사람들에게 희망을 줄 수 있는 방법은 없을까?

수입보다 적게 쓰는 것, 지출에 대한 감각을 키우는 것이 쉽지 않기에 전문가들은 대부분 가계부 쓰기에 도전하라고 주장한다. 하지만 삶에 지치고 게으른 우리들은 그것도 쉽지 않다. 그래서 최대한 쉽고 간단하게, 하지만 지속가능한 방법을 찾아야 한다.

그래서 아주 간단한 '1분 지출기록법'을 소개하고자 한다. 가계부를 구입할 필요도 없고, 아주 작고 가벼운 노트나 수첩 한 권이면 충분하다. 스마트폰에 있는 메모 앱을 사용해도 된다. 매일매일 하루 1분 정도의 시간을 내어 빼먹지 말고 자신이 쓴 지출내역을 기록해 보자. 그렇게 쌓인 기록들은 우리에게 '돈의 감각'을 선물할 것이다. '돈의 감각'이 생기기 시작하면 당신은 돈을 좀 더 잘 다룰 수 있게 된다.

이 방법은 일본의 재무컨설턴트이자 베스트셀러 작가인 요코야마 미츠아키가 쓴 책《90일 완성 돈 버는 평생 습관》에 나온 방법인데, 아주 간단하지만 강력한 방법이어서 실천하면 꽤 도움이 된다. '1분 지출기록법'이라고 이름 붙인 이 방법은 아주 간단하다. 첫째, 매일 지출한 돈을 적는다. 둘째, 지출한 돈을 소비, 낭비, 투자 세 가지로 구분한다. 셋째, 매월 소비, 낭비, 투자 비율을 구한다. 이를 좀 더 구체적으로 살펴보자.

첫째, 매일 지출한 돈을 적는다. 이때 너무 자세하게 기록하려 하지 말고 항목과 금액만 최대한 단순하게 기록한다.

| 2020년 6월 10일 | |
| --- | --- |
| 아침 스벅 커피 | 4,100 |
| 홍길동 대표와 점심 | 36,000 |
| 미용실 | 25,000 |
| 작가 미팅 커피 | 15,000 |
| 코칭 수업 | 150,000 |
| 김선달 부친 조의금 | 100,000 |
| 합계 | 330,100 |

이렇게 단순하게 기록하는 것만으로도 충분하다. 계속 기록하다 보면 기록을 들여다보게 되고, 자신의 돈이 어디로 가고 있는지 보이게 된다. '낭비나 사치는 전혀 하지 않는데 돈이 어디로 가버리는지 모르겠어요!'라고 외치는 사람들도 이렇게 단순한 기록만으로 스스로를 들여다보게 된다. 여기서 핵심은 계속 지속하는 것이다.

둘째, 기록한 것을 복잡하게 구분하지 말고, '소비' '낭비' '투자'로 구분해 보자.

'소비'란 필요한 물건과 서비스를 사거나 생활하는데 사용되는 다양한 지출이다. 먹고 입고 이동하는데 들어가는 돈들이 주를 이룬다. '낭비'란 스스로 평가하기에 쓸데없이 지출한 돈이다. 점심을 먹더라도 좀 과하게 썼다면 낭비로 분류할 수 있고, 취미나 공부를 위해 지출한 돈도 지나치게 지출했다면 낭비로 분류할 수 있다. '투자'란 자신의 미래를 위해 지출한 금액이다. 학원비일 수도 있고, 책 구입비, 강좌 참석 등 오늘 필요한 것에 지출한 것은 아니지만 장기적으로 소득을 늘리고 원하는 일을 하기 위해 지출한 돈은 투자로 분류할 수 있다. 위의 지출은 다음과 같이 구분할 수 있다

2020년 6월 10일

| | | |
|---|---|---|
| 아침 스벅 커피 | 4,100 | (소비) |
| 홍길동 대표와 점심 | 36,000 | (낭비) |
| 미용실 | 25,000 | (낭비) |
| 작가 미팅 커피 | 15,000 | (소비) |
| 코칭 수업 | 150,000 | (투자) |
| 김선달 부친 조의금 | 100,000 | (소비) |
| 합계 | 330,100 | |

여기까지는 말 그대로 하루에 1분이면 충분하다. 이렇게 매일매일

기록하다 보면 돈이 어디로 가는지 알 수 있고, 소비·낭비·투자에 대한 감각이 생긴다.

셋째, 이제 한 달에 한 번 전체 지출을 정리해 보자.

한 달 전체 지출이 200만원이라면 그중 소비, 낭비, 투자가 각각 몇 %인지 정리해 보자. 그러면 나의 전체 지출 규모가 얼마인지, 그리고 줄이거나 변경할 수 있는 지출이 얼마나 되는지 쉽게 알 수 있다.

이 정도는 누구나 할 수 있을 만큼 간단한 방법이지만 그것도 귀찮은 사람들을 위해 요코야마 미츠아키는 또 하나의 방법을 소개한다. 조그만 상자 세 개를 준비해 영수증을 그냥 넣어보는 것이다. 소비, 낭비, 투자 세 개의 통에 해당되는 영수증을 넣으면 된다. 매일 영수증을 통에 넣다 보면 어느덧 통에 수북이 쌓인 영수증을 보면서 생각보다 돈을 많이 쓰고 있다는 느낌이 들기도 하고, '저걸 좀 줄이면 돈이 많이 남겠구나'라는 생각이 들기도 한다.

한 달에 한 번 이 통들에 들어있는 영수증을 정리해 보면 1분 지출 기록법과 같은 효과를 얻을 수 있다. 영수증을 받는 수고는 필요하겠지만….

# 뉴플러스 통장를 만들어라

1분 지출기록법을 통해 어느 정도 돈에 대한 감각이 생기면 내 돈이 어디로 와서 어디로 가는지 파악할 수 있다. 좀 더 부지런하고 꼼꼼한 사람들은 가계부를 적을 수도 있고, 스마트폰의 가계부 앱을 이용해 자신의 지출을 파악할 수도 있다. 어떤 방법이 되었든 기록을 해보면 돈이 어디로 와서 어디로 가는지 파악을 할 수 있고, 새는 돈과 낭비되는 돈을 찾을 수 있다. 하루 아침에 모든 낭비요소를 없애기는 힘들겠지만 지출흐름을 파악하면 서서히 줄여나갈 수 있다. 이렇게 파악한 '새는 돈'을 막지 않으면 버는 돈이 늘어나도 자산이 불어나지 않는다.

## 뉴플러스 통장

부자가 되려면 더 벌고 더 불리려는 '플러스적 프레임'이 아니라 새는 돈을 막고 불필요한 지출을 줄이는 '마이너스적 프레임'에서 출발하는 것이 좋다. 재무상담을 해보면 대부분 자신도 모르는 사이에 새고 있는 돈이 많음을 알고 놀라곤 한다. 잘 모르고 오랫동안 지내기도 하고, 큰돈이 아니기 때문에 알면서 무시하기도 한다. 1분 지출기록법에서 '낭비'라고 분류한 지출, '소비'라고 분류했지만 좀 과하다고 느껴지는 지출 등 이런 마이너스(-)들을 줄이면(-) 플러스(+)가 된다.

이렇게 아낀 돈을 저축하는 통장을 만들어 보자. 새는 돈을 파악하고 막으면 소비가 줄어든 만큼 여유가 생긴다. 물론 이런 절약이 재미있고 즐거운 것은 아니다. 우리는 쓰는 것을 좋아하고 쓰는 것이 행복한 인간이기 때문이다. 하지만 돈을 제대로 관리하기 전에는 100만원을 썼고, 관리 이후에는 낭비를 줄여 15만원 정도 여유가 생겼다면 그 돈을 다른 돈과 섞지 말고 따로 통장을 만들어 저축을 해보자. 이 통장을 NPTI연구원 정우식 원장은 뉴플러스(New Plus) 통장이라고 말한다.

예를 들어 통신비와 보험료를 아껴 작게는 몇 만원부터 많게는 몇십 만원을 줄였다면 이를 뉴플러스 통장에 저축하면 된다. 이 통장에 매월 10만원씩 저축한다고 가정해 보면 1년에 120만원을 모을 수 있다. 120만원은 1억원 정도가 예금되어 있어야 받을 수 있는 이자다.

절약에서 오는 고통을 이기고 저축이 주는 기쁨을 누리려면 돈이 모이고 있는 것을 눈으로 확인하고 느낄 수 있어야 한다. 이때 뉴플러스 통장은 절약의 효과를 눈으로 확인할 수 있게 해준다. 통장에 매월 입금되는 돈을 보면 가계부를 기록해야 하는 귀찮음, 아끼면서 겪는 아쉬움을 조금은 쉽게 극복해 나갈 수 있다.

# 돈 쓰기 고수는
# 예산을 수립한다

## 미리엘 신부의 예산

《레미제라블》의 저자 빅토르 위고는 당시 타락했던 성직자들과 다르게 아름답고 고귀한 삶을 살았던 한 실존 인물을 모델로 '미리엘 신부'라는 캐릭터를 만들었다고 한다. 미리엘 신부는 은쟁반을 훔쳐 도망가다 잡힌 장발장을 용서하고, 그에게 개과천선할 기회를 준다. 만약 장발장이 미리엘 신부를 만나지 못했다면 그가 마들렌 시의 시장이 되는 일은 없었을 것이다.

소설에 나타난 미리엘 신부의 생활 중에서 내 눈을 확 끄는 내용이 있었는데, 그것은 바로 미리엘 신부의 예산내역서였다. 미리엘 신부는 부패한 다른 성직자들과 달리 교구에서 보내준 돈을 전부 가난한 사람들과 고아, 과부들을 위해 사용했고, 구체적인 예산을 세워 그 돈을 집행해 나갔다.

우리는 일시적으로 선할 수 있다. 하지만 우리 주변을 봐도 일시적이거나 우연히 착하고 좋은 일을 하는 경우는 종종 있지만 지속적이고 계획적으로 하는 것은 좀 어렵다. 그런데 미리엘 신부의 예산을 보면서 모델이 되었던 실존 인물은 일시적으로 선한 일을 한 사람이 아니라 지속적으로 아름다운 성직자로 살아온 사람이었을 것이라는 생각이 들었다.

## 예산의 의미

미리엘 신부의 예산을 천천히 살펴 보면서 예산의 특징이 무엇인지,

예산의 의미가 무엇인지에 대해 생각해 보았다.

첫째, 예산은 수립하는 주체의 생각을 드러낸다.

정부의 예산은 대통령이 바뀌면 변경되고, 회사의 예산은 사장이 바뀌면 달라진다. 즉, 예산을 수립하는 사람이 바뀌면 그 사람의 생각과 철학에 따라 예산도 바뀐다. 그리고 그 예산을 보면 예산을 수립하는 사람이 어떤 사람인지 알 수 있다.

둘째, 예산이 없으면 늘 부족한 재정 때문에 고생하게 된다.

정부가 예산을 수립하지 않고 재정을 운영한다면 어떻게 될까? 당연히 필요한 지출을 감당하지 못해 늘 부족함에 허덕일 것이다.

예산의 의미는 가정에도 동일하게 적용된다. 예산은 돈을 쓰는 것에 대한 생각과 태도, 즉 머니 프레임을 드러낸다. 예산을 잘 살펴보면 그 사람이 어떤 삶을 지향하고 있는지 알 수 있다. 부모에게 효도하는 사람의 예산에는 '부모님 용돈'이 있을 것이고, 함께 사는 사회를 지향하는 사람의 예산에는 '기부금' 항목이 있을 것이다. 인간관계를 중요시하는 사람의 예산에는 '접대비'와 '경조사비'가 중요한 자리를 차지하고 있을 것이다.

만약 가정에서 예산을 정해 놓지 않으면 어떻게 될까? 하고 싶은 일은 많은데 돈은 한정되어 있기 때문에 늘 불편하고 스트레스가 쌓이고 결핍에 시달리게 될 것이다. 돈을 쓸 때도 스트레스, 쓰지 않을 때도 스트레스다. 그런데도 불구하고 대부분의 가정은 예산을 짜지 않고, 설사 예산을 정하더라도 그 예산에 자신이 살고 싶은 삶을 녹여내지 않는다. 그렇다 보니 많은 사람들이 생각 없이 쓰고 늘 부족하다고 힘들어 한다.

## 예산, 돈을 제대로 쓰는 기준

────────

그럼, 돈을 잘 쓰는 것과 잘못 쓰는 것을 가르는 기준은 무엇일까? '쓸데없는 낭비' '과다한 지출' '소비는 무조건 줄여야 하는 것' '절박함을 가지고 안 쓰기만 하면 되는 것' 이런 것들일까? 이런 생각의 끝에서 필자가 찾아낸 가장 바람직한 기준이 바로 '예산'이다.

가정에서의 '예산'은 내가 살고 싶은 인생을 숫자로 나타낸 것이다. 그 예산을 계획한 대로 소비하는 것이 잘 쓰고 잘 사는 인생이다. 사치라 하더라도 오랫동안 모은 돈으로 아내를 위해 약간의 사치를 계획하고 그 사치를 실행한다면 그것은 괜찮다. 하지만 똑같이 아내를 위해 선물을 산다고 하더라도 충동적으로 카드를 긁어 할부로 사면 어리석은 지출이다. 이처럼 같은 소비를 하더라도 예산을 세우고 계획적인 지출을 한다면 그 돈이 많고 적음에 상관없이 지혜로운 지출이다. 하지만 아무리 소액이고 평소에 하던 것보다 적은 돈이라 하더라도 예산과 상관없이 충동적으로 사용하고 있다면 그것은 어리석은 지출이다.

예산을 세워 보고 이 예산이 내가 살고 싶은 삶을 제대로 드러내고 있는지 살펴보자. 지금까지 예산이 없었다면 지난 달 나의 지출을 정리해 보고 고민하면서 진지하게 이번 달 예산을 세워 보자. 예산을 세울 때는 무조건 아끼려고만 하지 말고 가능하면 아끼되 정말 원하는 지출은 계획을 세워 놓고 스트레스 받지 말고 신나게 쓰자.

# 4개의
# 통장 시스템

스트레스를 받지 않고 돈을 쓰기 위한 돈 관리의 가장 효율적인 시스템이 바로 '4개의 통장' 시스템이다. 시스템적으로 돈을 관리하려면 돈이 들어오는 수입통장, 소비를 위한 지출통장, 비상자금을 준비하는 예비통장, 저축·펀드 등 모으고 불리는 투자통장 등 4개의 통장이 필요하다. 각각 통장의 의미와 활용방법에 대해 정리해 보자.

## 4개의 통장

'수입통장'에는 매월 들어오는 수입과 예산 수립을 통해 정한 지출통장 송금내역, 매월 정기적으로 이체하는 투자통장 송금내역 등이 기록되어 있다. 그래서 수입통장을 보면 매월의 수입금액과 고정지출을 파악할 수 있어 전체적인 돈의 흐름을 알 수 있고, 돈의 흐름에 대한 감각이 생긴다.

수입통장과 지출통장을 구분해 놓으면 '지출통장'을 통해 현재 내 지출이 적절한지 과한지 판단하면서 지출할 수 있다. 가계부를 따로 적지 않아도 지출통장만 보면 지출내역을 파악할 수 있어 매월 소비를 조절해 가면서 생활할 수 있다. 물론 이때 신용카드가 아니라 체크카드를 사용해야 이런 효과를 제대로 볼 수 있다.

비상자금을 준비하는 '예비통장'에는 생활비의 3개월 정도를 준비하는 것이 적당하다. 집안의 경조사나 휴가 등 비정기적으로 쓰는 금액은 예비통장에서 관리하는 것이 좋다.

마지막으로 '투자통장'은 CMA 등 수시입출금이 가능하면서 이자를 주는 상품이 좋다. 평소 투자를 많이 한다면 증권사가 좋고, 투자를 하지 않는 스타일이면 은행을 이용하는 것이 편하다.

이렇게 4개의 통장 시스템을 만들어 관리하다 보면 돈의 흐름을

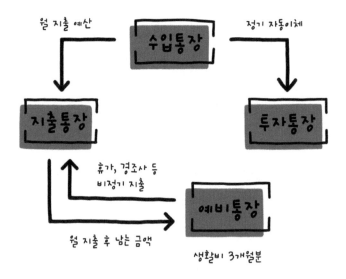

파악할 수 있어 돈에 대한 감각이 생기게 된다. 내 돈이 어디에서 얼마가 와서 어디로 얼마가 흘러가는지를 쉽게 알 수 있어 돈이 들어오고 나가는 것에 대한 감각을 키울 수 있다.

# 욜로 플랜(YOLO Plan),
# 사치를 위해 저축하라

어느 날 페이스북에 환하게 웃고 있는 후배의 사진이 올라왔다. 후배가 있는 곳은 지구 반대편, 남미 페루에 있는 잉카 문명의 마지막 요새인 마추픽추(machu picchu)였다. 멋진 풍경들과 오가는 여정에서 만난 사람들, 맛난 음식, 이국적인 장면들이 눈을 사로잡았다.

열심히 일해 모은 돈으로 여행을 가고 그곳에서 다양한 사람들을 만나고 새로운 문화를 경험하면서 그 모습을 SNS에 공유하는 것은 이제 우리에게 익숙하다. 후배는 마치 '이것이 인생이야!'라고 외치는 것 같았다.

강연프로그램에서 강사와 진행자로 만난 도예가 김소영 작가 역시 강의를 듣는 청중들을 유혹하고 충동했다. "산티아고로 떠나라고! 그곳에 새로운 경험과 치유가 있다고! 갔다 오신 분들만 경험할 수 있는 말로 표현하기 힘든 행복, 아프고 힘들더라도 또 찾게 되는 즐거움이 있다"고 말했다.

집안에도 그런 모습이 있다. 아르바이트한 돈과 집안 어른들이 준

용돈을 모아 유럽 배낭여행을 다녀온 큰 아들은 다양한 나라의 음식과 문화, 사람들을 말하며 언제든 기회가 되면 다시 여행을 떠나려고 한다.

이들과의 만남과 대화는 참 즐겁다. 어떻게 돈을 모았고, 어떤 생각으로 떠났는지, 가까이는 제주와 동남아에서, 멀리는 유럽과 남미에서 어떤 사람들과 만났고 어떤 대화를 나누었고 무엇을 느꼈는지 풀어놓는 그들의 모습은 늘 들떠 있고 매력적이다. 그들은 늘 이렇게 말한다.

"당신도 떠나봐야 해!" "이 세상에는 너무 멋진 곳들이 많아!" "새로운 경험은 당신에게 힐링을 선사할 거야" "가봐야 알 수 있어~"


## 지금 떠나고, 지금 사고, 지금 누리는 사람들

이들의 슬로건은 욜로(YOLO, You Only Live Once)다. 욜로 라이프를 사는 사람들은 막연한 미래보다 지금 이 순간의 행복이 더 중요하고, 안주와 안정보다는 변화와 도전을 선택하며, 물질적 소유가 아닌 정신적(정서적) 체험을 위해 돈을 쓴다.

YOLO는 젊은이들의 소비트렌드 같기도 하고, 삶의 철학 같기도 하지만, 헬조선이라는 절망적 인식이 만들어 낸 사생아 같기도 하다. 그리고 이런 모습을 바라보는 50대 꼰대의 마음에는 부러움과 걱정이 함께 존재한다. 상상도 못했던 일들을 해내는 모습이 부럽기도 하지만, 그렇게 사는 모습들 이후에 다가올 장수시대의 어려움이 그려지기 때문이다.

그럼, 이러한 욜로(YOLO) 라이프가 만들어 낸 소비트렌드는 행복도가 낮은 우리 사회를 좀 더 행복하게 만들고 있는 걸까? 서울대 소비트렌드 분석센터가 펴낸 《트렌드 코리아 2018》에 의하면 20일 이상 장기 해외여행이 늘고 있고, 40~50대는 캠핑 시장을 중심으로 다양한 레저 소비를 즐기고 있다고 한다. 우리 역시 자신의 취미생활에 엄청난 돈을 투자하고 경험을 나누고 그것을 응원하고 부러워하는 모습들을 SNS에서 쉽게 발견할 수 있다.

하지만 이런 욜로에는 그늘도 있다. '욜로 욜로 하다가 골로 갔다'는 표현처럼 후회 없는 즐거움을 위한 떠남이 나중에 엄청난 고통으로 다가오기도 하고, 욜로와 닮은 충동구매, 한탕주의 현상을 만들기도 한다.


## YOLO Plan. 사치를 계획하라

"결혼기념일 선물로 아내에게 샤넬백을 사줬어요."

상담 중에 이렇게 말했던 후배가 있었다. 자기 아내에게 결혼기념일에 무슨 선물을 하던 그 친구가 알아서 할 일이었지만 나는 이 말을 듣고 이렇게 반응했다.

"너 월급에 너무 많이 쓴 거 아냐?"

후배는 나의 반응에 다시 이렇게 말했다.

"형, 저 그거 선물하려고 5년 동안 모았어요!"

이 말을 듣고 갑자기 망치로 한 대 맞은 것 같았다. 명품백을 선물하는 일반적인 모습과 달랐기 때문이다. 아내에게 명품백을 선물하는 모습은 내 머릿속에 이렇게 3단계로 각인되어 있다.

1. 아내가 조른다 → 2. 마지못해 백화점에 간다 → 3. 카드를 긁는다.

그리고 이런 모습은 늘 아픔을 동반한다. 카드 결제일에 문제가 생기기도 하고, 할부로 구매했을 때는 매월 결제일마다 어리석은 선택을 한 자신을 비난하기도 한다.

그런데 이 친구는 달랐다. 5년 동안 조금씩 꾸준히 모아 명품백을 사면 후유증이 없다. 지금 이 후배는 매년 돌아오는 결혼기념일에 선물을 하지 않는다. 그리고 아내도 화를 내지 않는다. 왜일까? 아마도 5년 뒤 또 무언가를 선물할 남편에 대한 기대가 있기 때문일 것이다.

내가 아내와 가장 사치스럽게 보낸 결혼기념일의 모습은 이렇다. 강남에 있는 LG아트센터에서 뮤지컬 〈오페라의 유령〉을 관람하고, 나름 괜찮은 식당에서 식사를 하고, 비싸지 않은 간단한 선물을 했다. 얼마나 들었을까? 정확하게 기억이 나지는 않지만 분명한 것은 이날 쓴 돈을 5년 정도 모으면 괜찮은 명품백을 하나쯤은 살 수 있을 것이다. 물론 둘 다 할 수 있으면 좋겠지만 우리는 대부분 선택을 해야 한다. 매년 이렇게 보낼 것인지, 아니면 5년마다 기억에 남는 명품을 선물할 것인지….

## 사치를 계획하고, 계획적으로 사치를 해보자

매월 얼마이든 사치를 위한 계획을 세우고 그 사치를 위해 저축하는 적금과 펀드를 준비해 보자. 금액은 무리가 되지 않는 선에서 매월 1만원도 좋고, 10만원도 좋다. 그리고 적금이 만기가 되어 이 돈을 찾았을 때는 여행이든 캠핑용품이든 취미활동이든 아무런 부담감이나 죄책감 없이 마음껏 써보자.

YOLO와 Plan이라는 모순이 가져다 주는 즐거움은 생각보다 크다. 저축을 하는 과정도 즐겁고, 스스로에게 YOLO를 선물하는 순간도 즐겁고, 무엇보다 오늘을 산 대가로 치르는 내일의 고통이 없다.

사치를 위한 저축? 사치를 위한 계획? 그것을 무엇이라 부르든 행복한 오늘을 사는 지혜가 아닐까?

## 돈을 잘 쓰기 위한 5가지 방법

우리의 지출이 우리를 드러낸다. 지출명세서가 말해주는 사람이 바로 우리다. 지출을 기록하고 그것을 관찰해 보면 우리가 어떤 삶을 살고 있는지 알 수 있다. 만약 그것을 바꾸고 싶다면, 내가 원하는 삶을 지출로 드러내고 싶다면 지금까지 살펴본 5가지 방법을 활용하자.

첫째, 1분 지출기록법이나 가계부를 통해 나의 지출내역을 파악하자.

둘째, 마이너스(-)를 마이너스(-)하여 플러스(+)를 만들자. 낭비,

쓸데없는 지출, 과다한 소비습관을 줄여 남는 돈으로 뉴플러스 통장을 만들어 저축을 하는 것이다. 절약이나 관리·통제하는 재미없는 과정이 조금은 더 재미있어지고, 절약의 의미와 효과에 대해 실감할 수 있게 된다.

셋째, 예산을 수립해 보자. 내가 살고 싶은 인생을 숫자로 표현한 예산은 우리가 살고 싶은 삶으로 우리를 인도한다.

넷째, 예산을 기초로 4개의 통장 시스템을 만들자. 돈에 대한 감각이 생긴다.

마지막으로, 사치를 위해 저축하면서 행복을 키워보자.

마음만 바꾸면 누구나 실천할 수 있는 이 5가지 프로세스가 우리를 행복한 부자, 돈을 잘 쓰는 역량이 있는 사람이 될 수 있도록 도와줄 것이다.

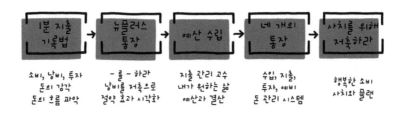

## 돈 제대로 관리하는 프로세스

| 1분 지출 기록법 | → | 뉴플러스 통장 | → | 예산 수립 | → | 네 개의 통장 | → | 사치를 위해 저축하라 |
|---|---|---|---|---|---|---|---|---|
| 소비, 낭비, 투자 돈의 감각 돈의 흐름 파악 | | - 를 - 하라 낭비를 저축으로 절약 효과 시각화 | | 지출 관리 고수 내가 원하는 삶 예산과 결산 | | 수입, 지출, 투자, 예비 돈 관리 시스템 | | 행복한 소비 사치와 플랜 |

# 지출 관점에서 생각해 보는 보험

재무상담을 하다 보면 대부분의 가정에서 공통적으로 조정이 필요한 금융상품이 있다. 바로 보험이다. 대한민국 국민 대부분이 가입하고 있지만 제대로 가입한 사람은 별로 없다. 또 최근에는 이마저도 리모델링이라는 명목으로 잘못을 반복하고 있는 것이 현실이다. 보험과 관련해서는 하고 싶은 이야기가 많지만 지출 측면에서 기억해야 할 몇 가지만 살펴보자.

## 첫째, 보험은 신중하게 가입하자

개인 혹은 가정에서 가장 큰돈을 지출하고 있는 금융상품은 대부분 보험이다. 왜냐하면 기간이 길기 때문이다. 10만원짜리 보험료를 20년 납입하면 2,400만원이다. 이 금액도 결코 적은 돈은 아니지만 실제의 값어치는 훨씬 크다. 만약 매달 10만원을 전문가들이 제시하는

6%의 수익률로 운영한다면 20년 후에는 4,400만원 정도가 되고, 이렇게 적립한 돈을 30년 정도 6%의 수익률로 묶어둔다면 2억 5천만원이 넘는 돈이 된다. 그러니 보험은 아는 사람이 왔다고 덜컥 가입하면 안 되는 큰돈임을 명심하자.

## 둘째, 보험은 유지해야만 의미가 있다

보험은 계속 유지해야 의미가 있다. 그런데 보험을 가입한 사람들 10명 중 5명은 5년 이내에 해약을 한다. 그리고 엄청난 손해를 본다.

지금 가입하고 있는 보험을 만기까지 유지할 수 있는지 곰곰이 생각해 보자. 특히 소득에서 차지하는 비율은 적당한지, 내 소득은 보험료 납입이 만료될 때까지 계속 유지될 수 있을지 잘 살펴봐야 한다.

## 셋째, 중복가입에 대해 꼼꼼하게 살펴보자

자동차보험을 두 개씩 가입한 사람은 없지만 비슷한 보장보험에 중복가입해서 지나친 보험료를 납입하고 있는 사람들은 의외로 많다. 물론 집안 병력이나 생활습관 등을 고려하여 암보험, 치아보험을 두 개 가입하고 있다면 어쩔 수 없지만 똑똑한 보험 하나를 제대로 가입하는 것이 나은 경우가 많다.

## 넷째, 똑똑한 설계사 한 명은 사귀어 두자

나이가 들어가면서 보험금을 수령하는 모습들을 많이 보게 된다. 그런데 성실하고 똑똑한 보험설계사에게 컨설팅을 받느냐 아니냐에 따라 똑같은 상황에서 보험금을 받을 수 있느냐 없느냐가 달라지고, 받을 수 있는 보험금이 달라지는 경우를 가끔 본다.

보험은 만약의 경우에 대비해 보험금을 받기 위해 가입하는 것이다. 내가 선택한 보험상품에서 구체적으로 어떤 보장을 받을 수 있는지, 얼마나 받을 수 있는지는 보험사에 어떻게 청구하느냐에 따라 달라진다. 보험은 참 어려운 금융상품이다. 똑똑한 설계사가 당신의 보험금을 제대로 받을 수 있도록 도와준다는 사실을 명심하고 사람을 잘 선택하기 바란다.


## 다섯째, 주기적으로 보험을 점검하라

매번 다른 설계사에게 점검을 받으면 매번 새로운 보험을 가입하게 된다. 설계사가 자신의 수입을 먼저 생각하기 때문이다. 하지만 똑똑하고 성실한 설계사에게 점검을 받으면 줄일 것은 줄이고 필요한 보장은 추가하면서 합리적으로 리모델링을 할 수 있다.

적어도 3년에 한 번 정도는 보험가입 내용을 점검하고 수정이 필요한 부분은 조정을 하는 것이 좋다. 단 매번 새로운 상품을 소개하는 설계사는 피하는 것이 현명하다.

젊은 날 보험설계사로 일할 때 사망보험금을 지급한 일이 있었다. 같이 근무했던 은행의 선배가 과로로 사망해서 사망보험금을 지급하는 일로 미망인을 만났던 시간은 지금도 참 가슴 아픈 기억으로 남아 있다. 하지만 그 가족에게 보험금을 지급할 수 있어 참 다행스럽기도 했다.

보험은 그런 것이다. 평생 한 번도 받지 않으면 가장 좋겠지만 누구도 자신할 수 없다. 그러므로 필요한 보험은 미리 준비하는 것이 좋다. 다만 좀 더 지혜롭고 합리적인 보험소비자였으면 좋겠다.

# 돈을 잘 쓴다는 것의 의미

## Q ———

돈을 잘 쓴다는 것은 어떤 의미일까요?

어떤 기준이나 원칙이 있을까요?

자신의 경험이나 주변 다른 사람들을 볼 때 돈을 잘 쓴다는 구체적인

사례는 어떤 것이 있을까요?

## A ———

----------------------------------------

----------------------------------------

----------------------------------------

----------------------------------------

----------------------------------------

## 토니 로빈스의 '행복한 소비'

토니 로빈스는 1,000만 부 이상 판매된 베스트셀러 《네 안에 잠든 거인을 깨워라》《거인의 힘 무한능력》의 저자이고, 동기부여 분야에서 세계 최고의 전문가다. 그는 《머니》라는 책에서 자신의 경험과 전설적인 투자자 50인과의 인터뷰를 통해 얻은 돈에 대한 통찰력과 지혜를 바탕으로 보통사람들도 돈의 자유와 풍요로움을 누릴 수 있는 방법을 제시한다. 책의 마지막에서 그는 '행복한 소비'에 대해 알려준다. 행복감을 높이기 위해 활용할 수 있는 3가지 방법은 '첫째, 경험에 투자하기, 둘째, 자신을 위한 시간 구입하기, 셋째, 타인에 투자하기'이다. 하나씩 살펴보자.

첫 번째 '경험에 투자하기'는 물건을 더 많이 소유하는 것보다 여행이나 새로운 만남, 강의 등에 소비하는 것이 더 행복하다는 것이다. 물건 소유의 기쁨은 단기적이지만 여행에서 얻는 감동이나 추억이 훨씬 오래간다는 것을 심리학자들이 증명해 주고 있다.

두 번째 '자신을 위한 시간 구입하기'는 자기가 하기 싫은 일, 해야 하지만 잘하지 못하는 일을 아웃소싱하는 데 돈을 쓰는 것을 의미한다. 개인들마다 종류는 다르지만 이런 일을 아웃소싱하면 자신이 원하는 일에 더 열정적으로 집중할 수 있고 성과와 행복감이 증가한다.

세 번째 '타인에 투자하기'는 말 그대로 돈을 베푸는 것이다. 자신을 위해 돈을 썼을 때보다 타인을 위해 사용하거나 타인과 함께 사용할 때 행복도는 더 높아진다.

지혜로운 소비, 행복한 소비는 개인마다 다를 수 있다. 하지만 지금 가지고 있는 프레임과 토니 로빈스가 제안하는 소비방식이 다르다면 한 번 시행해 보기를 권한다. 한 달의 기간을 정해 그달에 소비할 수 있는 돈을 '소유'보다 '경험'에 집중해 보자. 그리고 한 달 뒤 내 행복도가 정말 올라갔는지 살펴보자.

그동안 힘들어도 꾸역꾸역해 온 일이 있다면 돈을 들여 아웃소싱을 해보자. 하기 싫은 일을 한다고 쏟았던 에너지와 그 일을 하는 과정에서 쌓인 부정적인 스트레스가 없을 때, 집중하고 있는 일에 대한 몰입도와 성과가 얼마나 차이가 나는지 살펴보자.

그리고 마지막으로 내 돈을 내가 아닌 누군가를 위해 써 보자. 혼자 있는 것이 익숙했다면 누군가와 함께 차를 마시고 식사를 하고 치맥 타임을 가져 보자.

돈을 쓰는 행위가 우리를 즐겁게 한다는 사실은 이미 증명이 되었다. 그렇다면 좀 더 즐겁고 좀 더 행복하고 그 행복이 좀 더 지속되는 소비가 지혜로운 소비가 아닐까?

## 3장 [불리기]

# 부의 추월차선,
# 빠르지만 안전하게

경제적 자유를 향한 여행에서 '투자'란 국도를 벗어나 고속도로를 달리는 것과 같다. 같은 시간에 출발해도 도착하는 시간은 차이가 난다. 거리가 멀어질수록 고속도로와 국도의 차이는 더 커진다.

하지만 고속도로는 국도보다 속도가 빠른 만큼 더 위험하다. 고속도로를 안전하게 달리는 법, 그것이 부의 추월차선을 즐기는 방법이다.

# 위험해서 싫다는 당신도
# 투자를 해야만 하는 이유

강의 중에 "주식이나 펀드 투자를 하시는 분, 손들어 보세요?"라고 물으면 의외로 손을 드는 사람이 별로 없다. "왜 투자를 하지 않으시나요?"라고 물으면 "위험하잖아요!"라고 답한다.

이런 답은 젊은 세대나 은퇴하신 분들이나 큰 차이가 없다. 주위에 주식투자, 펀드투자, 코인투자로 인해 엄청난 손해를 본 사람들이 많다 보니 다들 위험한 투자를 싫어한다. 수익률도 그다지 높지 않고, 원금을 날릴 수도 있는 투자를 하면서 전전긍긍하느니 그냥 안전한 은행에 돈을 넣어두는 것이 마음 편하다고 한다.

그래서 사람들은 대부분 은행이나 저축은행을 통해 확정적인 금리를 주는 안정적인 상품을 선택한다. 하지만 문제는 금리다. 2020년 4월 현재 은행의 예금금리는 2% 미만이다.

1998년 IMF 외환위기 이전의 은행 금리는 10% 내외였다. 내 기억으로 당시 기준금리가 9.5%였고 우대금리를 적용하면 예금 금리는 10%가 넘었고 신탁상품들은 13% 정도의 확정금리였다. 이 정도 금리라면 은행에만 넣어두어도 5~7년마다 돈이 두 배가 되니 굳이 위험한 투자를 하지 않아도 된다. 하지만 지금의 금리로는 답이 없다.

## 거꾸로 가는 에스컬레이터

돈에 대해 다루고 있는 책들은 모두 투자를 해야 한다고 말한다. 자신이 모은 전 재산을 날릴 수도 있고, 엄청난 손실로 고통을 당할 수도 있지만 그래도 투자를 해야 한다고 말한다.

그런데 선택을 해야 하고 선택에 책임을 지는 것은 참 피곤한 일이다. 내가 조정할 수 없고 영향력을 미칠 수 없는 영역에서 선택을 해야 한다면 더 골치 아픈 일이다. 투자가 그렇다. 주식시장이 오르내리는 것은 우리가 어떻게 할 수 없는 것이다 보니 종목 선택은 늘 힘들고 부담스럽다. 그럼에도 불구하고, 아무리 위험해도 투자를 해야 하는 이유는 그냥 두면 내 돈의 가치가 자꾸 떨어지기 때문이다.

돈의 가치를 생각할 때, 에스컬레이터를 생각해 보면 금리와 인플레이션의 관계를 쉽게 파악할 수 있다. 윗층으로 올라가야 하는데 아래로 내려오는 에스컬레이터를 타고 있다. 우리 돈의 가치가 바로 아래로 내려오는 에스컬레이터를 타고 있는 것과 같다. 아래로 내려오는 속도는 인플레이션의 정도에 비례한다. 가만히 두면 가치가 점점 내려간다. 오늘 1만원으로 살 수 있었던 물건이 내년에는 11,000원이 되고, 12,000원이 된다. 시간이 많이 지나면 2만원, 3만원으로 오를 수도 있다. 물건값이 오른다는 것은 시간의 흐름에 따라 돈의 가

| 연도 | 가격 |
|---|---|
| 1963년 | 10원 |
| 1978년 | 50원 |
| 1981년 | 100원 |
| 1994년 | 300원 |
| 1997년 | 400원 |
| 2005년 | 500원 |
| 2010년 | 700원 |
| 2020년 | 900원 |

(출처 : 삼양라면)

치가 떨어진다는 말이다.

1963년에 처음 출시된 라면의 가격은 10원이었지만 지금은 거의 90배가 올라 900원 정도이다. 1963년에 1,000원은 라면 100개를 살 수 있는 돈이었지만 지금은 한 개밖에 못산다.

돈의 가치가 에스컬레이터처럼 점점 내려오는 것을 막지 않으면 내 돈의 가치는 확정적으로 점점 줄어간다. 같은 계단에 그대로 서 있으면 점점 내려가기 때문에 올라가야 한다. 아래로 더 내려가지 않고 올라가는 방법 중에서 천천히 올라가는 방법이 은행에 예금하는 것이다. 하지만 천천히 올라가면 아래로 내려오지는 않겠지만 계속 그 자리거나 조금씩 아주 조금씩 아래로 더 내려온다. 올해 사려고 했던 물건이 내년에 11,000원이 되면 내 돈이 11,000원이 되어 있어야 동일한 가치를 갖게 되는데 은행이자는 인플레이션보다 낮거나 인플레이션 정도를 벗어나지 않는다.

우리는 에스컬레이터를 벗어나 윗층으로 올라가야 한다. 그러려면 더 빨리 계단을 올라가야 한다. 내려오는 속도보다 더 빨리 움직여야 위로 올라갈 수 있다. 그렇게 속도를 높이는 방법이 투자다. 물가상승률이 3%라면 4%, 5% 이상 수익을 높여야 다른 곳으로 올라갈 수 있는 것이다.

은행의 금리, 특히 확정금리 상품들의 수익률은 딱 물가상승률이 한계다. 그 이상 올라가는 경우는 거의 없다. 그래서 자산을 늘리려면 투자를 해야 한다. 그렇지 않으면 우리 돈의 가치는 자꾸 아래로 더 떨어지며, 우리가 가야 할 목적지인 경제적 자유에서 점점 멀어지게 된다.


## 대한민국 가계들의 자산운용 스타일

변화를 만들기에 앞서 우리의 자산운용 스타일을 먼저 알아보자.

우리는 대부분 전체 자산에서 부동산자산이 차지하는 비율이 과다하다. 그리고 금융자산은 대부분 안정적인 예·적금 위주로 구성되어 있다. 이마저도 대부분 원화 위주로 구성되어 있다. 그럼, 이 세 가지 현상의 문제점과 위험을 하나씩 살펴보자.

첫째, 전체 자산에서 부동산자산의 비중이 지나치게 높다.

돈이 있는 사람은 있는 사람대로, 없는 사람은 없는 사람대로 전체 자산에서 부동산이 차지하는 비중이 크다. 부자들은 자산 증식의 수

단으로 부동산을 활용해 왔고, 보통사람들은 가진 돈을 모두 집중해 부동산 중심의 자산으로 보유하고 있다.

그렇다면 부동산 중심 자산은 앞으로 어떤 위험이 있을까? 다음 질문에 답을 해보자.

'고령화와 1인가구 중심으로 가구 구성이 변화되면서 큰 평수 아파트들이 매물로 나오고, 금리 인상으로 인해 빚을 견디기 어려워 아파트 매물들이 쏟아져 나와 부동산 가격이 하락해도 나는 문제없는가?'

'저성장시대에 들어선 대한민국 경제, IT와 네트워크의 발달로 모여서 일하는 사무실의 필요성이 점점 약해지는 시대에 나의 임대수익은 장기적으로 문제없는가?'

과연 이런 질문들에 단호하게 'Yes!'라고 답할 수 있을까? 물론 단기적으로는 부동산 가격이 오를 수도 있겠지만 장기적인 관점에서 볼 때 이런 질문들은 의미가 있다. 부동산 가격 등락에 따라 집을 사고팔면서 재산을 불려온 일부 부동산의 달인이 아니라면, 임대수익이 높은 목 좋은 상가나 향후 개발계획에 따른 확실한 부동산이 아니라면 부동산 중심의 자산운용은 '위험'하다.

둘째, 금융자산은 예·적금 중심으로 구성되어 있다.

나이가 많든 적든 강의와 상담에서 만나는 많은 사람들은 부동산 외에는 적극적으로 투자를 하지 않는다. 적립식 펀드를 하는 일부를 제외하면 안정적인 금리를 주는 예·적금을 가장 많이 활용하고 있다. 하지만 인플레이션보다 낮은 금리는 지속적으로 자산가치를 하락시킨다. 한두 해는 괜찮겠지만 장기적으로는 치명적이다. 이렇게 질문해 보자.

'아이들 사교육비와 대학등록금을 인플레이션보다 낮은 예·적금 상품으로 준비할 수 있는가?'

'퇴직 후에도 오래 살아야 하는 현실에서 생활비통장과 의료비통장 두 개의 통장이 필요한데 2% 내외의 금리로 은퇴 준비가 가능한가?'

금융회사라고는 은행밖에 모르는 사람이라면 틀을 깰 필요가 있다. 일확천금의 욕심을 갖지 않더라도 은행보다 조금 높은 수익을 얻으려면 어떤 투자상품을 선택하면 좋을지 호기심을 가지고 찾아보자. 당장 큰돈을 들고 증권사로 가라는 말이 아니다. 매월 아주 소액으로 펀드투자를 시작해 보자. 처음 투자를 시작할 때는 가능하면 적립식으로, 가능하면 주식형 펀드를, 가능하면 오랫동안 펀드를 잘 운용해 온 운용사를 선택하는 것이 좋다. 3년 정도의 기간을 가지고 투자를 해보면 기분 좋은 성과를 얻을 수 있다.

셋째, 원화 중심으로만 보유하고 있다.

예·적금이든 투자상품이든 우리의 금융자산은 대부분 원화자산이다. 외화예금이나 외화자산을 보유하고 있는 사람은 찾아보기 어렵다. 하지만 글로벌 경제환경으로 인해 원화 중심의 자산 구조는 환율 변동이라는 큰 변수를 만나면 자산가치 보존이 힘들 수 있다. 극단적인 예이긴 하지만 IMF 외환위기 때 환율이 2배 이상 뛰면서 원화가치가 하락했던 경험을 기억할 필요가 있다. 유학 중인 자녀의 학비

부담이 두 배로 늘어 유학을 포기하는 경우도 많았고, 환율상승으로 수출기업들은 좋았지만 수입기업들은 큰 어려움을 겪어야 했다. 개인적인 차원에서 이렇게 질문해 보자.

'환율 변동으로 내 자산가치가 하락해도 괜찮은가?'

'환율이 올라 자녀 유학이나 어학연수를 보낼 때 갑자기 필요한 돈이 두 배로 늘어나도 괜찮을까?'

둘째 아들이 고등학교 2학년 때 유학을 언급하면서 환율이 내 삶에 영향을 미칠 수도 있겠다는 생각을 했다. 자녀의 유학 또는 어학연수를 위한 자금을 준비할 때에는 원화자산보다 달러자산이 훨씬 더 안전할 수 있다. 매월 적금을 달러로 불입해 두면 환율 변동으로 생기는 위험을 줄일 수 있다. 수익을 늘리겠다는 것이 아니라 안정적으로 보존하려면 달러자산을 중심으로 한 외화자산에 관심을 가질 필요가 있다.

## 투자, 위험한 것이 아니라 익숙하지 않는 것

부동산을 팔아서 금융상품에 투자하라는 말, 예·적금을 찾아서 펀드에 투자하라는 말, 저축 일부를 외화통장에 넣어두라는 말은 많은 사람들에게 위험한 말로 들릴 수 있다. 하지만 이런 말들이 위험한 것인지 익숙하지 않은 것인지 진지하게 생각해 볼 필요가 있다.

투자기간을 3년 이상으로 해서 적립식으로 투자하면 펀드는 경험적으로 매우 안전하고 예·적금보다 수익률이 높다. 또 부동산을 팔아서 현금화하라고 많은 전문가들이 권하고 있다. 달러 투자는 원화 투자보다 안전하고 수익이 높은 투자다. 달러가 원화 대비 더 안전하다는 것에 동의하지 않는 사람은 거의 없다. 그리고 달러예·적금 이자, 달러금융상품의 투자수익률이 국내 은행 예·적금이나 금융상품의 수익보다 높을 때도 있다. 그러면 안할 이유가 없다. 다만 익숙하지 않기 때문에 조금 조심할 필요는 있다.

우리는 대부분 잘 알지 못하는 것, 익숙하지 않은 것에는 거부반응을 보이게 마련이다. 특히 금융상품 투자는 손실을 볼 수 있기 때문에 확신이 없으면 시도하기 어렵다. 하지만 부동산 중심, 예·적금 중심, 원화 중심 자산의 위험성은 아주 오랫동안 지속적으로 언급되어 왔다. 많은 사람들이 같은 주제에 대해 비슷한 잔소리를 할 때 새겨 듣지 않으면 반드시 후회를 하게 된다.

'그때 그 말 들을 걸!' 이런 말을 할 때면 이미 늦다. 지금 변화를 살아내는 힘이 필요하다.

# 장기투자,
# 시간이 기적을 만든다

〈대추 한 알〉

저게 저절로 붉어질 리는 없다.
저 안에 태풍 몇 개
저 안에 천둥 몇 개
저 안에 벼락 몇 개
저게 저 혼자 둥글어질 리는 없다.
저 안에 무서리 내리는 몇 밤
저 안에 땡볕 두어 달
저 안에 초승달 몇 낱

장석주 시인의 〈대추 한 알〉이라는 시를 읽으면 세상에 그냥 뚝딱
이루어지는 일은 없다는 것이 느껴진다. 태풍을 이기고 천둥과 벼락
을 피하고 서리와 땡볕을 견뎌야 붉고 둥근 대추 한 알이 완성된다.

투자의 열매도 마찬가지다. 시인의 표현처럼 견뎌내야 하고 피해야 하고 이겨내야 할 것들이 너무 많다. 소비의 유혹도 이겨내야 하고, 위기도 피해야 하고, 수익이 나지 않는 지루한 시간도 견뎌내야한다. 그래야 괜찮은 수익이라는 멋진 열매를 맛볼 수 있다.

## 전설적인 투자자들의 별것 아닌 수익률

토니 로빈스의 책 《머니》에는 그가 전설적인 투자자들과 진행한 인터뷰 내용이 나온다. 인터뷰에 참여한 사람들은 오마하의 현인 워렌 버핏, 인덱스펀드를 만든 존 보글, 20세기 가장 위대한 투자자 존 템플턴 경 등을 포함해 엄청난 자산과 투자 성과를 가지고 있는 전문가들이다. 그런데 이들이 기록한 연평균수익률은 일반인들이 생각하는 것처럼 높지 않다. 예일대 기금운용 책임자 데이비드 스웬슨은 27년간 13.9%의 연평균수익률을 기록했고, 복리투자의 전형으로 언급되는 워렌 버핏의 연평균수익률은 21.6%(1965~2014)다. 물론 낮은 수치는 아니지만 21.6%는 전설이 되기에는 조금 부족해 보이는 숫자다. 우리나라에서 펀드 투자가 대중화되었던 2000년대 초반에는 그정도 수익률은 명함도 못 내밀 정도였다. 펀드에 대한 다양한 정보와 평가를 제공하는 사이트인 펀드닥터(funddoctor.co.kr)를 살펴보면 주식시장이 좋지 않은 시기에도 수익률 10%가 넘는 펀드들이 많았다. 그리고 주식시장이 좋을 때는 훨씬 더 높은 수익을 거두는 펀드들이 적지 않았다.

투자의 핵심은 시간(기간)이다. 전설적인 투자자들의 경우도 일시적이고 단기적인 수익이 아니라 평균수익을 기록하고 있는 기간이 27년, 50년이라는 것이다. 100만원을 스웬슨의 연평균수익률 13.9%로 27년간 투자하면 3,358만원이 되고, 50년간 버핏의 수익률 21.6%로 투자하면 무려 176억원이 된다. 이처럼 복리의 기적은 수익률이 아니라 시간이 만들어 내는 것이다.

워렌 버핏은 장기투자를 '눈 굴리기'로 비유했다. 눈을 잘 모아 눈덩이를 만들어 산 아래를 향해 굴리면 엄청나게 커지는 것처럼 돈도 적절한 수익과 배당을 받으며 오랫동안 계속 투자해 나가면 복리효과를 통해 엄청나게 불어날 수 있다는 것이다. 이를 '스노우볼 효과(Snowball Effect)'라고 한다. 72법칙과 투자의 기본공식을 살펴보면서 워렌 버핏의 돈 불리는 방법인 스노우볼 효과를 다시 정리해 보자.

## 스노우볼 효과의 공식

조금 어려운 수학을 해보자. 투자를 했을 때 어떤 결과를 얻을 수 있는지를 나타내는 공식은 다음과 같다.

$$\text{FV(미래가치)} = \text{PV(현재가치)} \times (1+r\text{(수익률)})^{n\text{(투자기간)}}$$

이 공식은 투자자금(PV)을 어떤 수익률(rate)로 몇 년(number) 동안 투자하면 미래에 자금(FV)이 얼마나 불어나는지를 계산하는 투자의 기본공식이다. 여기에 숫자를 넣어보자.

$$14{,}802{,}443 = 10{,}000{,}000 \times (1+0.04)^{10}$$

이 식은 10,000,000원을 투자하여 4% 수익률로 10년을 운영하면 14,802,443원이 된다는 것을 알려준다.

공식을 보면 투자의 성과인 미래가치(Future Value)는 세 가지 변수에 따라 달라진다. 첫 번째는 투자되는 금액인 현재가치(Present Value), 흔히 말하는 종잣돈이다. 현재가치(PV)가 1,000만원일 때와 2,000만원일 때는 투자 결과에 있어 2배의 차이가 난다. 두 번째는 투자수익률(rate)이다. 수익률이 4%일 때는 14,802,443원이지만 6%일 때는 17,908,477원이다. 단지 2% 차이지만 전체 금액은 300만원이 넘게 차이가 난다. 마지막으로 가장 큰 차이를 만드는 것은 투자기간(number)이다. 같은 금액, 같은 수익률이더라도 투자기간이 다르면 금액은 크게 달라진다. 1,000만원을 투자해 놓고 가만히 둬도 20년이 지나면 21,911,231원이 되고, 30년이 지나면 32,433,975원, 50년이 지나면 71,066,833원이 된다.

이처럼 세 가지 변수를 바꾸면 투자 결과를 바꿀 수 있다. 종잣돈을 키우고, 수익률을 높이고, 투자기간을 늘리면 된다.

## 종잣돈 만들기가 투자의 시작이다

복리투자, 스노우볼 효과의 시작은 종잣돈 마련이다. 눈을 산 아래로 굴리려면 일단 어느 정도 눈을 모아야 한다.

'어느 정도 금액이 되어야 종잣돈이라고 할 수 있을까요?'

'투자에 있어 가장 적합한 종잣돈 크기는 얼마인가요?'

이런 질문은 큰 의미가 없다. 종잣돈의 실질적인 의미는 '투자를 하기 위해 내가 준비한 돈'이다. 이 돈은 적금을 통해 마련한 것일 수도 있고, 보너스로 받은 돈일 수도 있다. 어쨌든 투자를 위한 자금으로 준비한 돈이 '종잣돈'이다. 이 돈이 너무 적으면 수익이 좀 나더라도 별로 감흥이 없고 너무 크면 초보자들은 회복하기 힘든 실패를 경험할 수도 있다. 그래서 자신의 수입과 자산 규모에 맞게 준비하는 것이 좋다. 전문가들은 '3년 이내에 어딘가에 써야 할 돈'은 투자 종잣돈으로 적절하지 않다고 조언한다. 투자란 오르내림이 있는데 우리는 이를 통제할 수 없기 때문이다. 2년 이내에 전세를 옮길 자금이나 결혼자금이라면 손실이 날 경우 계획한 이사를 못 갈 수도 있고 결혼을 못 할 수도 있다. 그래서 종잣돈은 가능하면 장기적인 투자를 위해 특별하게 떼어놓은 돈이 좋다.

하지만 당장 쓸 돈도 없는 사람들이 종잣돈을 마련하는 것은 쉬운 일이 아니다. 그래서 투자를 위해 대출을 받는 사람도 있는데 아주 위험한 발상이다. 빌린 돈으로 투자를 하다 보면 마음이 조급해져 실수를 하기 쉽다. 쓰고 싶은 것을 안 쓰고, 먹고 싶은 것을 안 먹고 모은 돈으로 종잣돈을 마련하는 것이 좋다. 그래야 함부로 투자하거나 쉽게 생각하여 투기를 하지 않게 된다.


## 72법칙으로 알아보는 수익률 효과

수익률은 산의 기울기와 비슷하다. 너무 완만하면 눈을 굴리기가 힘들다. 하지만 너무 가파르면 눈이 붙는 만큼 떨어져 나가거나 부딪혀 깨지기 쉽다. 투자도 마찬가지다. 종잣돈을 모아 투자를 하면 적절한 투자수익을 얻어야 한다. 하지만 지금의 저금리로는 아무리 오래 투자해도 효과적인 복리수익을 올리기 힘들다. 그래서 투자수익을 높이려면 어느 정도 적당한 위험을 감수할 수밖에 없다.

장기투자에서 수익의 중요성은 72법칙을 통해 쉽게 확인해 볼 수 있다.


$$72 = N(투자기간) \times R(수익률)$$


수익률과 투자기간을 곱해서 72가 되면 투자금이 2배가 된다. 예를 들어 수익률이 4%라면 72/4 = 18, 18년이 되면 투자금이 배가 된다. 수익률이 6%라면 12년 후에 배가 되고, 9%라면 8년 후에 배가 된다. 반대로 이렇게 계산해도 된다. 12년 동안 투자해서 내 돈을 2배로 만들려면 6%의 수익을 거두어야 하고, 10년 동안에 2배로 돈을 불리고 싶다면 7.2%로 운용해야 한다.

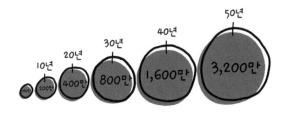

    7.2% 수익률을 가정하고 100만원을 투자하면, 10년이 지나면 200만원, 20년이 지나면 400만원, 30년이 지나면 800만원, 40년이 지나면 1,600만원, 50년이 지나면 3,200만원, 60년이 지나면 6,400만원, 70년이 지나면 1억 2,800만원, 80년이 지나면 2억 5,600만원, 90년이 지나면 5억 1,200만원, 100년이 지나면 10억 2,400만원이 된다. 즉, 7.2%의 수익률로 10년이 10번 지나가면 100만원이 10억원이 넘게 된다.

## 장기투자가 답이다

72법칙에서 알아본 것처럼 투자에서 가장 큰 영향을 미치는 것은 투자기간이다. 그리고 장기적으로 적절한 수익을 계속 꾸준하게 거둘 수 있다면 내 돈은 엄청나게 불어난다. 다음의 표는 1,000만원을 투자했을 때와 매월 10만원씩을 투자했을 때의 수익률과 기간에 따른 투자 결과를 계산해 본 내용이다.

| 1,000만원을 일시금으로 투자했을 때 | | | | |
|---|---|---|---|---|
| 수익률 | 10년 | 20년 | 30년 | 50년 |
| 4% | 14,802,443 | 21,911,231 | 32,433,975 | 71,066,833 |
| 6% | 17,908,477 | 32,071,355 | 57,434,912 | 184,201,543 |
| 8% | 21,589,250 | 100,626,569 | 100,626,569 | 469,016,125 |

| 매월 10만원씩 투자했을 때 | | | | |
|---|---|---|---|---|
| 투자기간 | 10년 | 20년 | 30년 | 50년 |
| 투자금액 | 1,200만원 | 2,400만원 | 3,600만원 | 6,000만원 |
| 4% | 14,724,980 | 36,677,463 | 69,404,940 | 190,935,640 |
| 6% | 16,387,935 | 46,204,090 | 100,451,504 | 378,719,108 |
| 8% | 18,294,604 | 58,902,042 | 149,035,945 | 793,172,748 |

　　이를 보면 다른 무엇보다 투자기간을 늘리는 것이 가장 중요하다는 것을 알 수 있다. 투자기간을 늘리는 가장 좋은 방법은 한 살이라도 어릴 때 빨리 투자를 시작하는 것이다. 당신이 젊다면 나를 위해, 내가 이미 늦었다면 자녀와 손주들을 위해 소액이라도 지속적으로 투자하는 것이 좋다. 그러면 결국 시간은 우리에게 오랜 세월을 견뎌낸 열매를 지급한다.


## 지겹도록 들어온 장기투자가 어려운 3가지 이유

장기투자에 대한 거인들의 성공 스토리가 있고, 계산을 해보면 충분히 매력적이고 누구나 수익을 낼 수 있을 것 같은데 우리는 왜 장기 투자가 어려울까?

가장 중요한 원인은 우리의 불안한 심리에 있다. 주식시장이나 경제환경의 울렁거림이 너무 심하기 때문에 계속 보고 있으면 평상심을 유지하기 힘들다. 투자금액에 따라 다르겠지만 하루만에 일년치 연봉, 한달치 월급이 들어오고 나가기도 한다. 이걸 지켜보고 있으면 오랫동안 아무 생각 없이 돈을 넣어두기는 힘들다. 2018년 1월 26일 2,574p였던 주가지수가 2020년 3월 19일 1,457p가 되었다. 코로나19사태로 주식시장이 급격하게 하락한 것이다. 이런 상황을 매일 지켜보면서 계속 버티는 것은 쉽지 않다. 특히 언제나 쉽게 사고팔 수 있는데 줄어가는 돈을 계속 바라보기는 더욱 힘들다. 그래서 장기투자가 참 어려운 것이다.

두 번째로, 우리는 미래의 나를 타인으로 인식한다. 안타깝고 신기한 일이지만 우리의 뇌는 미래의 나를 나 자신이 아니라 타인으로 인식한다. 그러다 보니 10~20년 뒤의 나, 타인처럼 느껴지는 나를 위해 오랫동안 현재의 소비와 행복을 포기한다는 것은 매우 어려운 선택이다. 그래서 우리는 늘 미래를 포기하고 현재를 선택한다. 이것은 투자만 그런 것이 아니라 우리는 늘 미래의 무언가를 준비하는 것을 어려워한다. 공부도 그렇고 건강도 그렇고 투자도 마찬가지다. 지금 당장이 문제지 10년 후, 20년 후, 30년 후의 일이 중요하고 시급한 일로 다가오지 않기 때문이다.

셋째, 미래는 불확실하고 현재의 소비와 행복은 바로 눈앞에 있다. 불확실한 미래의 안전과 풍요보다 확실한 현재의 고통과 불편함이 더 크게 다가온다. 그래서 우리는 미래를 위해 현재의 소비를 희생하고 장기적인 투자와 저축을 지속하는 것이 어렵다.

## 장기투자 훈련이 부자 훈련이다

불안해서, 내 일처럼 느껴지지 않아서, 막연해서 우리는 장기투자에 실패한다. 부자가 되는 것, 풍요로운 미래와 경제적 자유가 쉽게 다가오기는 어렵겠지만 시간이 가져다 줄 열매를 기대하고 믿으며 장기투자에 도전해 보자. 월급만으로 안정적인 재무구조를 만들기 힘든 현실에서 우리는 약간의 위험을 감수하면서 투자를 할 수밖에 없는 상황이다. 그러니 장기투자, 시간이 만드는 기적을 한 번 시작해보자.

먼저, 내 수입이나 자산의 일부분을 따로 떼어놓는 것이 좋다. 5~10% 정도를 따로 떼어놓고 이 돈을 미래의 자산증식용으로만 활용하는 것이다. 다른 재무목표에 활용해도 안 되고 돈이 좀 모였다고 해서 소비를 해도 안 된다. 오로지 장기적인 투자용 자산으로만 활용하는 것이다. 이것이 장기투자를 위해 첫 번째로 해야 할 일이다. 금액이 부족하다면 현재 가능한 금액부터 시작하고 소득이 늘어나는 것에 비례해 투자금액을 늘려 갈 수도 있다.

두 번째는 내 돈을 넣을 안정적이고 장기적이고 효율적인 투자대상을 선정한다. 《머니》에 나오는 많은 전문가들은 '인덱스펀드'를 추천한다. 구체적인 종목 선정이 쉽지 않은 일반 투자자들에게는 수수료가 저렴하고 우량기업들을 바스켓에 모아 놓은 인덱스펀드가 가장 적절하다. KOSPI200도 좋고, 미국 S&P500 지수도 좋다. 개별주식에 투자를 원한다면 정말 갖고 싶은 회사, 오랫동안 보유하고 싶은 회사를 선택해 투자하면 된다. 다만 이럴 때는 투자전문가의 도움을 받는 것이 좋다. 그리고 인덱스펀드도 하나만 선택하는 것보다는 돈의 규모에 따라 몇 가지로 분산하는 것이 좋다.

셋째, 매월 정기적립식으로 투자를 시작해 보자. 매월 일정한 날짜에 일정한 금액을 투자하면 비쌀 때는 적게 사고 쌀 때는 많이 사는 효과가 난다. 그래서 전체적으로 가격을 낮추는 매입단가 평준화효과가 나타난다. 이렇게 적립식으로 투자를 해가면서 가격하락시 추가로 투자를 하면 매입단가를 낮추는 효과를 볼 수 있다.


10년, 20년, 30년이라는 시간은 지나고 보면 언제 지나갔나 싶겠지만 다가올 시간으로는 언제 그 시간이 올까 하는 느낌이 든다. 하지만 이렇게 생각해 보자. 만약 20년, 30년 전에 지금 공부하는 것들을 잘 알았더라면, 지금처럼 돈과 투자에 대해 미리 고민했다면 지금 우리는 전혀 다른 세상에서 살고 있지 않을까? 그렇다면 지금의 선택이 앞으로 30년 뒤를 결정하는 것이 아닐까?

30년 전에 스스로 아무런 선택을 할 수 없었던 젊은 독자라면 이 질문은 당신의 부모에게 던지는 질문이다. 만약 당신의 부모가 30년 전부터 당신을 위해 작은 금액이라도 계속 투자를 해왔다면 당신의 현재는 어쩌면 지금과는 많이 다른 모습이 되었을 지도 모른다.

# 투자의 시작, 인덱스펀드 적립식으로 투자하라

투자를 시작할 때 가장 쉽고 안전하게, 하지만 효과적으로 투자하는 방법이 바로 인덱스펀드를 적립식으로 투자하는 것이다. 인덱스펀드란 KOSPI, KOSDAQ, S&P500 등 주가지수를 따라가도록 만든 펀드다. KOSPI200은 우리 주식시장에서 가장 똑똑한 주식 200개를 선정해 펀드를 구성한 것이고, S&P500은 미국 주식 중 똑똑한 500개를 선정해 펀드를 구성한 것이다. 인덱스펀드를 제안하는 이유는 수많은 펀드 중 아직 어떤 펀드가 좋을지, 어떤 선택을 해야 할지 기준이나 학습이 안 되어 있어도 안전하게 투자를 시작할 수 있고, 투자를 하면서 필요한 공부를 할 수 있기 때문이다.

## 인덱스펀드의 3가지 장점

첫째, 수익률이 액티브펀드와 대비해 나쁘지 않다.

인덱스펀드는 시장을 소극적으로 따라가는 펀드운영방식이라 패시브펀드라고 하고, 펀드매니저가 적극적으로 종목을 발굴 선택해서 운용하는 펀드를 액티브펀드라고 한다. 상식적으로 패시브펀드보다는 액티브펀드의 수익률이 높은 것이 자연스럽다. 그런데 장기적으로 투자할 때 참 이상한 일이지만 펀드매니저들이 열심히 연구하고 고민해서 운영하는 액티브펀드의 수익률이 인덱스펀드보다 낮은 경우가 많다. 유능한 펀드매니저라도 시장을 이기는 것이 그리 쉬운 일이 아님은 숫자로 알 수 있다.

둘째, 정기적립식으로 투자하면 안전성을 높일 수 있다.

투자가 위험한 이유는 우리의 욕심과 두려움 때문이다. 주식시장이 올라갈 때에는 더 오를 것 같은 욕심 때문에 더 많은 돈을 투자하고, 주식시장이 하락할 때에는 더 떨어질지도 모른다는 두려움 때문에 주식을 내다 판다. 무엇이든 쌀 때 사서 비쌀 때 팔아야 하는데 주식투자자들은 늘 반대로 하다 돈을 잃는다.

정기적립식 투자는 이런 감정에 휘둘리지 않는 투자방법이다. 매월 금액을 정해 놓고 적립식으로 투자하면 가격이 내려갈 때 많이 사고 비쌀 때 적게 사서 평균적으로 매입가격이 낮아지는 효과가 난다. 매월 1만원씩 투자한다고 했을 때 1,000p일 때는 10주를 살 수 있고, 주가가 500p로 낮아졌을 때는 20주를 살 수 있기 때문에 주당 평균단가는 667원이 된다. 1,000p에서 시작했지만 700p만 되면 수익이 나기 시작한다.

이처럼 적립식투자는 주식 상승기에는 목돈을 한 번에 투자하는

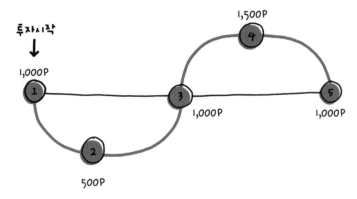

| 주가 | 매수 수량 | 투자금액(누적) | 적립금(누적) | 수익률 |
|---|---|---|---|---|
| 1,000p | 10주 | 10,000원 | 10주×1,000p=10,000원 | 0% |
| 500p | 20주 | 20,000원 | 30주×500p=15,000원 | -25% |
| 1,000p | 10주 | 30,000원 | 40주×1,000p=40,000원 | 33% |
| 1,500p | 6.7주 | 40,000원 | 46.7주×1,500p=70,050원 | 75% |
| 1,000p | 10주 | 50,000원 | 56.7주×1,000p=56,700원 | 13% |

거치식투자보다 수익이 낮지만, 오르내림이 반복되는 주식시장에서는 안정적인 수익을 얻을 수 있는 좋은 투자방법이다.

셋째, 수수료가 저렴하다.

인덱스펀드는 지수를 따라가도록 설계되어 있기 때문에 펀드매니저가 고민할 필요가 없다. 그래서 운용사에 수수료를 적게 지급해도 된다. 수수료는 장기적으로 수익률에 가장 결정적인 영향을 미치는 요소 중 하나다.

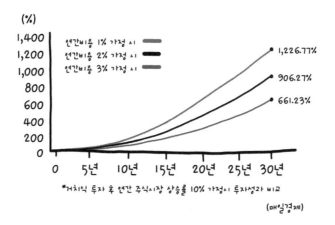

수수료가 저렴한 인덱스펀드가 장기 승자

- (%)
- 1,400
- 1,200
- 1,000
- 800
- 600
- 400
- 200
- 0

연간비용 1% 가정 시
연간비용 2% 가정 시
연간비용 3% 가정 시

1,226.77%
906.27%
661.23%

0    5년    10년    15년    20년    25년    30년

*거치식 투자 후 연간 주식시장 상승률 10% 가정시 투자성과 비교

(매일경제)

## 계좌를 만들고 투자를 시작해 보자

누구나 쉽게 시작할 수 있지만 처음 투자를 하는 독자들에게 도움이 될까 해서 계좌 만드는 과정을 간단하게 소개한다.

먼저 집에서 가깝거나 아는 사람이 있는 증권사에 가서 '인덱스펀드' 계좌를 만들자. 매월 적립금은 1만원 이상이면 되니까 한 계좌만 만들어도 되고, KOSPI200, KOSDAQ, S&P500, Hanhseng Index 등에 투자하는 펀드 등 두세 개를 만들 수도 있다.

둘째, 가입하면서 매월 적립하는 날짜와 금액을 정하자. 본인의 형편에 따라 매월 10만원씩 투자한다면 펀드 수에 따라 투자금액을 정하면 되고, 날짜는 10일, 15일, 20일 정도에서 매월 같은 날로 정하도록 하자.

셋째, 가장 중요한 목표수익률을 정해 보자. 어느 정도면 괜찮을까? 너무 욕심부리지 말고 6~8% 정도면 무리가 없을 듯하다.

이제 아무 생각 없이, 주식시장의 오르내림에 관심두지 말고 매월 정한 날짜에 펀드에 돈을 적립해 나가면 된다.

그런데 어느 정도 수익이 났을 때 문제가 발생한다. 펀드 잔고가 어느 정도 쌓이고 수익이 나기 시작하면 스물스물 욕심이 올라온다. 2%도 안 되는 이자를 받으면서 잠자고 있는 은행 돈을 깨워야 한다는 사명감이 생긴다. 그래서 적금과 예금을 해지하고 펀드에 올인하기로 결심하는데, 참 신기하게도 이때부터 시장은 하락하기 시작한다.

이런 낭패를 피하기 위해 목표수익률을 정하는 것이다. 6~8% 내외면 적절하다. 그리고 목표수익을 달성할 때까지는 계속 투자를 하다가 목표수익에 도달하면 더 오를지 내릴지 고민하지 말고 바로 환매를 하고, 다시 새롭게 적립식투자를 시작하는 것이 좋다.

환매를 하여 CMA에 들어있는 투자대기자금은 이자를 받다가 다시 펀드에 투입하면 된다. 이런 식으로 계속 투자해 나가면 은행이자보다는 훨씬 높은 수익을 계속 얻을 수 있다.

# 주식투자,
# 살짝 엿보기

"자본주의 사회에서 부를 축적하려면 … (중략) … 자본도 일하게 해야 한다. 자본이 다시 자본을 축적할 수 있도록 자본에게 일을 시켜야 한다. 보통사람들이 자본을 일하게 하는 방법으로 주식보다 좋은 것은 없다."

－《왜 주식인가》(존 리)

주식투자를 하는 사람들은 크게 두 가지 부류로 나눌 수 있다. 매일매일 변하는 주식시장의 흐름을 분석해 투자하는 기술적 분석을 기반으로 하는 투자자와 기업의 가치를 분석해 장기적인 가치상승을 추구하는 기본적 분석을 기반으로 하는 투자자이다. 이 두 부류가 완전 분리되는 것은 아니지만 기본적으로 투자성향, 투자스타일, 종목 선택 등 많은 부분에서 차이를 보인다.

하지만 전문적으로 투자하는 사람이 아니라면 사실 둘 다 어렵다. 기업의 가치가 무엇인지 파악해서 장기적으로 오를 주식을 사는 것도 힘들고, 주식이 내려갈지 올라갈지 예측해 투자하는 것도 신의 영역이다. 따라서 전업투자자가 아닌 일반투자자의 입장이라면 워렌 버핏이나 존 리 같은 전문가들이 권하는 가치투자의 길, 장기투자의 길을 선택해야 한다.

　개인적인 입장에서는 꼭 주식투자를 하라고 권유하지 않는 편이다. 이런저런 실패의 추억이 있어서이기도 하지만 일반인들의 입장에서는 공부해야 할 것도 많고, 시간과 에너지가 많이 소모되기 때문이다. 하지만 주식투자는 여러 가지 긍정적인 측면이 있는 것도 사실이다. 돈을 불리는 것 외에도 세상을 보는 눈, 미래에 대한 통찰을 키워준다.

　주식투자에 대해서는 수많은 책과 강의들이 있다. 관심이 있는 사람들은 따로 더 공부하기를 권하고 여기에서는 주식투자를 처음 시작해 보려는 초보자를 염두에 두고 도움이 될 만한 몇 가지 방법을 정리해 본다.


## 가장 쉬운 주식투자 방법

가장 단순하고 쉬운 방법은 매월 같은 날 일정한 금액을 적립식으로 삼성전자와 같은 하나의 우량주를 매수하는 것이다. 급여를 받는 날, 10만원, 50만원, 100만원 등 자신이 정한 금액 내에서 매월 같은 주식을 사면 비쌀 때는 많이 사고 쌀 때는 적게 사는 효과를 보게 된다. 이렇게 투자를 하는 방법은 고수들도 추천하고 활용하는 방법이다.

대한민국에서 가장 안전한 회사를 가장 안전한 방법으로 사는 방법이기 때문이다. 정답이 없는 주식시장에서 가장 단순하면서도 가장 강력한 투자방법이 될 수 있다.

두 번째 방법은 직업이나 취향에 따라 몇 가지 종목을 선택해 투자하는 방법이다. 자신이 가장 관심 있고 재미있어 하고 알고 싶고 좋아하는 영역을 선택해 보자. 식품, 금융, 반도체, 의류, 엔터테인먼트, 자동차 등 계속 관심을 가질 수 있는 영역을 찾아 그 영역에서 가장 안전한 회사, 1등 회사, 가장 좋아하는 회사를 찾아보자. 특별한 관심 영역이 없는 경우에는 상장주식 중에서 시가총액 1등부터 10등 사이에서 가장 마음에 드는 회사들에 대해 알아봐도 좋다. 그중 3개 정도를 찾아 그 회사들의 가치를 평가해 보자. 조금 공부하면 EPS, PER, PBR 등 저평가된 주식을 찾는 공식들을 활용해 주식시장에서 수익이 날 수 있는 주식을 찾을 수 있다.

회사를 선택했으면 그 기업의 평판, 오너 일가의 평판, CEO에 대

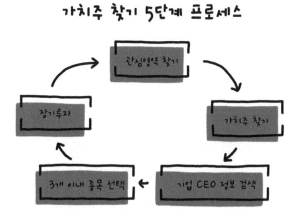

한 정보 등을 살펴보고 오너 리스크나 CEO 리스크가 없는지, 향후 기업의 방향은 어떨지 살펴보자. 포털 사이트에서 오픈된 정보들을 얻을 수 있고, 주위에 그 산업의 전문가가 있다면 상담을 통해 필요한 정보를 얻을 수 있을 것이다.

이제 선택한 기업에 매월 일정한 금액을 투자하자. 만약 이 종목이 해외주식이라면 해외주식 계좌를 개설해 투자할 수 있고, 해외주식을 적립식으로 투자하는 상품도 출시되어 있으니 그런 상품들을 찾으면 도움이 된다.

마지막으로, 이 회사에 관심이 사라지거나 이 회사를 선택한 이유들이 사라질 때까지 주식을 보유하자. 주식투자란 기업의 주인이 되는 것이고 사업 파트너가 되는 것이다. 처음에는 이런 말이 무슨 의미가 있는지 다가오지 않지만 그 회사에 대해 알아가고 투자금액이 늘어 갈수록 점점 이해할 수 있게 된다.


## 주식투자로 성공한 사람이 없다는데…

'부동산투자로 성공한 사람은 많지만 주식투자로 성공한 사람들은 보기 힘들다.'

이런 말을 하는 사람들이 많다. 맞는 말이다. 그런데 왜 그럴까? 부동산투자로 성공한 사람들은 눈에 바로 보이지만 주식투자로 성공한 사람은 자신이 밝히지 않으면 알 수 없기 때문에 보이지 않는 것일 수도 있다. 다양한 설명이 가능하지만 중요한 것은 투자 태도에

## 코스피지수와 서울 아파트매매가격지수 추이

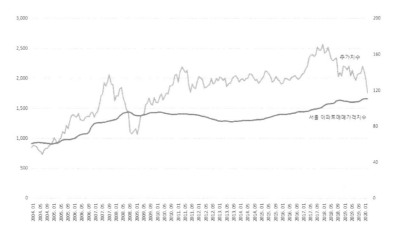

따른 투자기간의 차이 때문이다.

만약 주식을 부동산처럼 가격이 오를 때까지 장기적으로 보유하고 있으면서 가격이 떨어졌다고 즉시 팔지 않고 본전을 찾을 때까지 계속 가지고 있다면 어떻게 될까? 아마 꽤 많은 사람들이 부동산투자 성과보다 훨씬 높은, 몇 배나 뛰어넘는 수익을 얻었을 것이다. 주식투자도 부동산투자처럼 하면 된다. 한 번 사면 이게 내 집이려니 생각하고 묵혀두는 부동산처럼 그렇게 투자하면 된다.

# 위기에 대비하는
# 자산관리

## 위기는 반복된다

IMF 외환위기를 다룬 영화 〈국가 부도의 날〉은 20여 년 전, 우리를 힘들게 했던 시간을 정면으로 바라보게 한다. 영화를 보는 2시간 내내 마음은 불편하고, 속상하고, 화가 나고, 두려웠다. 무능하고 부도덕한 정부, 무책임했던 금융회사들과 감독기관, 대책 없는 낙관에 취해있던 기업들이 합작해 위기를 만들었고 그 위기로 인해 많은 국민들은 고통을 받았다.

2008년 글로벌 금융위기에도 그랬다. 위기를 극복하기 위해 고생하던 사람들이 있었고, 위기를 이용해 인생을 바꾼 사람들도 있었다. 그리고 대다수의 많은 서민들은 IMF 외환위기 때처럼 많은 고통을 받았고, 회사를 접고 일자리에서 쫓겨났고 집을 잃었다.

크고 작은 위기는 늘 이렇게 우리에게 왔다 간다. 1998년 IMF 외환위기와 2008년 글로벌 금융위기, 2020년 코로나19로 인한 글로벌 위기처럼 외부로부터의 커다란 위기도 있었지만 벤처버블 붕괴, 신용카드 대란, 북핵 위기처럼 국내 환경으로 인해 우리를 힘들게 했던 수많은 위기들이 왔다 갔고 또 오고 갈 것이다.

이러한 위기의 징후를 발견했을 때, 무언가 심상치 않은 것이 다가오고 있다는 것을 알게 되었을 때 우리의 마음은 이에 대비하는 마음보다 대체로 다음과 같이 반응하곤 한다. 어떤 마음은 호들갑을 떨면서 세상 다 끝나버릴 것처럼 두려워하며 할 수 있는 일들도 손을 놓아버린다. 또 다른 마음은 의도적으로 '어차피 할 수 있는 일도 없잖아, 어떻게 되겠지'라며 근거 없는 낙관주의로 위기에 무반응으로 대응하며 위기의 징후를 무시한다.

둘 다 위험한 일이다. 위기가 다가올 때 우리가 해야 할 일은 위기에 대해 최대한 알아보고 위기를 견뎌낼 수 있는 방법, 위기를 이용할 수 있는 지혜를 찾아야 한다. 반드시 해결될 수 있을 것이라는 낙관주의와 지극히 힘들 것이라는 현실주의가 함께 있어야 위기를 견뎌내고 혹은 기회로 바꿀 수 있다.

## 금융위기가 시작되면 나타나는 모습

위기는 어떤 모습일까? 어떤 고통이 기다리는 것일까? 피하거나 극복하려면 무엇을 해야 할까?

크고 작은 위기들이 왔다 갔지만 1998년 IMF 외환위기와 2008년 글로벌 금융위기, 그리고 최근의 코로나19 위기는 우리의 기억에 또

렷이 남아 있다. 이러한 위기들을 살펴보면 원인과 극복과정은 달랐지만 참고해야 할 두드러진 공통점이 있고, 다가오는 위기가 어떤 모습일지 예상할 수 있는 단초들이 있다.

첫째, 주식 등 투자자산의 가치가 폭락했다.

1998년 외환위기 때는 1,000p가 넘었던 주가가 300p 아래로 떨어졌고, 2008년 금융위기 때는 2,000p가 넘었던 주가지수가 1,000p 이하로 하락했다. 당시 펀드 열풍과 함께 수많은 계좌들이 2004~2007년 사이에 개설되었는데, 금융위기를 지나면서 대부분 30%가 넘는 손실을 경험했다.

둘째, 환율이 급격하게 상승했다.

환율은 IMF 외환위기에는 2,000원 가까이 올라갔고, 2008년 금융위기에도 급격하게 상승했다. 환율 상승은 어떤 이에게는 유익이 되고 어떤 이에게는 손실이 된다. 수출대금을 달러로 받은 기업들은 가

**주가와 환율**

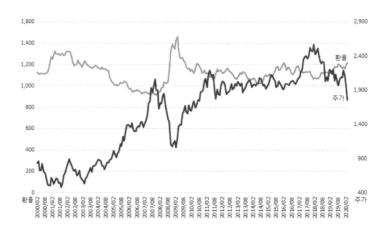

만히 앉아서 수익이 크게 늘었고, 수입대금을 결제해야 하는 기업들은 비용이 2배로 늘기도 했다. 달러로 결제해야 했던 사람들은 낭패를 봐야 했고, 달러를 가지고 있던 사람들은 자산을 불릴 수 있는 최고의 기회를 잡을 수 있었다.

셋째, 위기가 왔을 때 부동산 가격이 하락했다.

집이 유일한 자산이었던 사람들은 자산이 줄어드는 고통을 겪었고, 담보로 대출을 받았던 사람들은 이자가 올라 고생을 했고, 일부는 이자를 감당하지 못해 집을 팔아야 했다. 위기가 오면 아마 또다시 주택가격이 하락하고 가격하락에서 발생하는 다양한 고통이 반복될 것이다. 주택뿐만 아니라 상가, 사무용 빌딩 등 대부분의 부동산이 하락하는 현상이 발생한다.


## 위기에 대비해 준비해야 할 3가지

1998년 IMF 외환위기, 2008년 금융위기 때 가장 힘들어 했던 사람들은 부채가 많았던 사람, 현금 유동성이 부족했던 사람, 지나치게 과도한 투자를 했던 사람들이다. 위기가 오면 시중에 돈이 돌지 않는데 이때 부채가 많은 사람들은 상환 압박을 받게 되고 금리가 올라 이자 때문에 고생을 하기도 한다. 그리고 투자한 자금의 회수가 늦어져 힘들어 하는 사람들이 생긴다. 그러면 이런 위기에 대비해 우리는 무엇을 해야 할까?

첫째, 부채를 줄여야 한다.

IMF 외환위기는 과도한 외채 때문에 발생했다. 세계가 부러워했던 대한민국의 성장은 부채 때문에 가능했다. 축적된 자본이 없었던 상황에서 공장을 설립하고 사업을 일으키려면 돈이 필요했고 그 돈은 주로 외국에서 들여온 차관, 즉 부채였다. 여기서 문제는 부채의 많고 적음이 아니라 부채를 다루는 태도다.

금리를 낮추기 위해 단기적인 외채를 지나치게 많이 들여왔는데, 위기가 시작되자 순식간에 상환 부담이 커졌고 달러는 급속하게 빠져나갔다. 기업들은 문어발식 확장을 위해 지나치게 높은 부채비율을 유지하고 있다 보니 경기가 어려워지자 도미노처럼 부도가 이어졌다.

위기에 대비하려면 먼저 부채와 함께 고정지출을 최대한 줄이고 자산의 유연성을 키워야 한다. 위기가 왔을 때 버티기 힘든 사람들은 고정지출이 많고 자산이 경직되어 있는 사람들이다. 부채가 많아 계속 이자를 갚아나가야 하는 사람들, 몇 달 버틸 수 있는 비상자금이나 여유자금이 없는 사람들은 위기가 오면 큰 낭패를 당하게 된다.

지금 현재 상태에서 수입이 중단되면 몇 개월을 버틸 수 있는지, 현재 지출구조에서 줄이거나 없앨 수 있는 비용은 어떤 것인지, 부채가 많으면 자산을 줄이더라도 부채를 줄일 수 있는 방법이 있는지 점검하여 최대한 유연하게 자산을 구성하는 것이 좋다.

둘째, 부동산 중심에서 벗어나 자산을 분산해야 한다.

부동산은 늘 골치 아픈 존재다. 성공 경험이 많더라도 경험에 발목 잡히는 경우도 있다. 미래 전망은 다를 수 있겠지만 지나치면 늘 위험한 것이 부동산이다. 미국 서브프라임 모기지론 사태 때 수많은 사람들이 집을 잃었고 집값은 폭락했다. 그때는 세상의 종말이 온 것 같았는데, 10년이 지나니 옛일이 되어 아무 느낌이 없다. 하지만 많은 사람들이 고통을 겪었고, 그 고통은 아직도 이어지고 있다.

2020년 현재, 주택을 중심으로 한 부동산자산은 전망도 좋지 않고 위험하다. 특히 위기시에는 그 위험이 더 커진다. 대출이 많은 부동산이라면 특히 다른 자산으로 분산하거나 현금을 확보하는 것이 안전한 방법이다

만약 금리가 올라가고 부동산 가격이 떨어진다면 얼마나 많은 사람들이 힘들어질까? 집을 살 때 단 한 푼의 대출도 없어야 한다는 명청한 주장을 하려는 것이 아니다. 지나치면 위험하고 그 위험이 현실화되면 견디기 힘들 것이라는 사실을 잘 알아야 한다.

여기저기서 부동산 때문에 힘들어 하는 소리들이 들린다. 여기서 견딜 수 있으려면 부채상환금액이 소득의 20% 정도를 넘지 않도록 유지하고, 금리가 조금 올라가도 견딜 수 있는 구조를 만들어야 한다.

셋째, 과도한 투자는 삼가는 것이 좋다.

여기서 투자는 사업에 대한 투자, 주식이나 부동산 투자를 모두 포함하는 개념이다. 현재 가용할 수 있는 자산, 유동성을 확보하면서 지나친 투자를 삼가는 것이 좋다. 투자란 본질적으로 위험을 내재하고 있다. 그리고 위험은 안팎에서 위기가 다가올 때 현실로 나타난다.

아직 오지 않은 위기에 대한 두려움으로 '구더기 무서워 장 못 담그는 상황'에 빠질 필요는 없지만 공격적인 투자는 위험을 키운다는 사실을 명심해야 한다.

## 시장에 남아 있어라

결론부터 말하면 위기는 오고 가지만 반드시 회복된다는 것을 명확하게 인식해야 한다. IMF 외환위기 때는 세상이 끝날 것 같았고, 글로벌 금융위기 때는 전 세계의 불황이 영원할 것 같았다. 하지만 몇 년이 지나면서 언제 그런 일이 있었느냐는 듯이 세상은 또 활력을 되찾았다. 세계를 혼란으로 몰아넣은 코로나 위기도 곧 극복되고, 우리는 또 둔감해질 것이다. 핵심은 버티는 것이다. 흔히 말하는 '존버정신'을 가지고 위기를 극복할 때까지 버틸 수 있으면 된다. 그리고 혹시 위기에서 자산을 키울 수 있다면 더욱 감사한 일이 될 것이다.

늘 그렇지만 특히 위기에는 적립식 투자를 강조한다. 매월 일정금액을 펀드에, ETF에 투자하면서 시장에 남아 있으면 이긴다. 외환위기 때도, 금융위기 때도 그랬다. 일정한 목표를 가지고 시장에 남아 계속 투자를 이어갔던 사람들은 큰 수익을 얻었다.

위기는 끝나지 않았고 또다시 위기는 찾아올 것이다. 하지만 위기에 대비한 자산운용전략이라는 것을 정리해 보면 별 것 없다. 늘 이야기하는 기본을 다시 한 번 점검하고 기본을 지키는 것이 위기에 대처하는 방법이다. 위기가 올지도 모른다고 위기가 올 것에 맞추어 살 필요는 없다. 그런 모습이 더 위험할 수도 있다.

누구나 알고 있는 기본에 충실한 구조를 갖추면 위기를 견딜 수 있는 힘이 생긴다. 기본적인 매뉴얼을 충실하게 지켜내고 있는 사람에게 기회가 오듯이 위험을 이기는 힘도, 위기를 견디는 힘도, 기회를 잡는 힘도 기본 체력이 있을 때 생긴다. 그러니 위기에 대해 너무 호들갑을 떨 필요도 없지만 함부로 무시해서도 안 된다.

나는 이대로 있어도 괜찮은지 제대로 한 번 점검해 보고, 필요하다면 기본 체력을 강화하는 변화를 만들어 보기를 추천한다.


## 위기에 대비하는 포트폴리오는 기본으로 돌아가기

위기에 대비하는 방법에는 별다른 포트폴리오가 있는 것은 아니다. 위기가 닥치기 전에 위기에 대응하는 포트폴리오를 구성하는 것이 중요하다. 부채를 줄이고 유동성을 확보하고 자산가치를 지키기 위해 통화를 분산하는 것은 가장 기본적인 방법이다. 그런데 준비되지 않은 상태에서 위기가 시작되었다면 버텨야 한다. 몇 차례의 커다란 글로벌 위기로 참 많은 사람들이 힘들어 했고, 스스로 세상을 버리기도 했다. 여기서 안타까운 것은 세상이 끝날 것 같은 그런 시간들을 보내고 나면 또 다른 기회와 호황이 다가오는데 많은 사람들이 그때까지 버티지를 못한다는 사실이다. 그런 면에서 '존버정신'은 우스꽝스럽지만 위기에 대비하는 우리에게 꼭 필요한 태도다.

# 달러자산을 만드는
# 3가지 방법

달러 통장이 필수가 된 시대다. 모든 금융전문가들이 달러자산 보유를 추천하고 있고, 달러예금과 달러보험에 가입하는 사람들이 점점 늘고 있다. 특히 위기를 경고하는 소식들이 들려올 때마다 많은 전문가들이 달러자산에 투자하라고 조언한다.

달러자산을 보유하거나 투자하는 가장 큰 이유는 자산가치를 안정적으로 유지하기 위함이다. 대부분의 자산을 원화자산으로 보유하고 있다면 장기적으로, 그리고 또 위기에 대비하는 전략의 일환으로 달러자산을 보유하는 것은 의미가 있다. 위기를 겪으면서 수익을 낼 수 있는 기회를 갖기도 하고, 달러가치 상승으로 자산가치가 올라가기도 한다. 그리고 무엇보다 통화 분산을 통해 자산가치가 떨어지는 것을 막기 위해 달러자산은 이제 선택이 아니라 필수인 시대가 되었다.

## 달러자산 활용하여 부자되기

원화와 달러자산을 적절하게 분산하여 보유하고 있는 경우 위기가 닥쳐왔을 때 이를 활용해 어떻게 부를 늘리는지 알아보자.

부동산과 주식을 비슷하게 보유하고 있는 두 사람이 있다. A는 10억을 원화예금으로 가지고 있고, B는 10억을 달러예금으로 100만달러(1달러=1,000원으로 가정) 보유하고 있다. 비교를 위해 2008년 글로벌 금융위기 때의 경우를 조금 극단적으로 가정해 부동산과 주식은 반토막이 나고 환율은 상승하여 달러가치가 2배가 되었다고 하자. 그럼, 10억원의 가치였던 100만달러는 20억원의 가치를 가지게 되었고, 주식과 부동산은 반값이 되었다. 이때 달러를 원화로 바꾸어 투자한다면 헐값에 주식과 부동산을 매입할 수 있다. 시간이 흘러 위기가 안정되어 주식과 부동산 가격이 원래의 가격으로 상승한다면 A의 자산은 큰 변동이 없지만 B의 자산은 크게 불어난다. 100만달러를 원화로 바꿔 20억원을 투자해 구입한 부동산과 주식이 위기가 지나 원상회복이 된다면 40억원으로 불어나는 것이다.

《2000년 이후, 한국의 신흥 부자들》에서 홍지안 저자는 변곡점에서 부자들이 탄생한다고 말한다. 생각해 보면 보통사람들이 부자가 되는 방법은 이런 변곡점과 위기를 이용하는 방법 외에는 다른 방법이 없어 보인다. 부자들은 이런 변곡점을 지혜롭게 활용해 왔다.

부자가 되기를 꿈꾼다면, 위기에도 자산의 가치를 보전하기를 원한다면, 변곡점을 이용해 부의 기회를 잡고 싶다면 이제 달러 통장은 필수다.

그러면 어떤 방법으로 달러자산을 보유하고 운용할 수 있을까? 크게 3가지 방법이 있는데, 특징과 활용방법을 하나씩 알아보자.

**달러자산 투자방법**

| 국내 금융상품 | 해외 직접투자 | 해외 금융상품 |
|---|---|---|
| 달러예·적금 달러보험 | 해외 주식투자 해외 펀드투자 | 미국, 홍콩 등 역외금융상품 |
| 낮은 수익성 안전성 | 고위험 투자전문지식 | 장기투자 선진금융기법 |

## 안전한 달러예·적금과 달러보험

국내에서 판매되는 달러 금융상품은 달러예·적금과 달러보험으로 구분할 수 있다.

안전자산인 달러예·적금 금리는 국내 원화예금 금리와 비교했을 때 큰 차이가 없다. 그러니 자산의 일부를 달러예·적금으로 운용하지 않을 이유는 없다.

그리고 달러예·적금을 활용하면 환차익을 얻을 수 있다. 2019년 4월 20일 1달러가 1,136원이었을 때 달러 통장에 돈을 넣어 두었다가 2020년 3월 21일 1,254원일 때 원화로 환전하면 환차익은 100원 이상으로, 연간 수익률로 따지면 10% 가까운 수익을 얻을 수 있다. 예금 이자로는 절대 얻을 수 없는 수익이 가능한 것이다.

해외여행을 자주 다니는 사람들도 여행할 때마다 환전하지 않고 평소 달러로 외화통장에 넣어두면 환율 차이에 상관없이 여행을 다닐 수 있다. 어학연수나 유학자금도 미리 달러자산으로 마련해 두면 외환위기나 금융위기 때처럼 환율이 올랐을 때 학업을 그만둘 상황에 처하지 않을 수 있다.

하지만 단기적으로 필요한 돈은 환차손에 노출될 수 있으니 여유자금을 가지고 운용하는 것이 좋다. 단기적으로 환차익을 얻기 위해 달러를 사고파는 식의 단기투자는 좋은 방법이 아니다.

최근 인기를 끌고 있는 달러보험은 보험료 납입이나 보험금 지급이 원화가 아니라 달러로 이루어진다. 대표적인 상품이 달러유니버셜종신보험이다. 가족의 미래나 상속플랜 등을 위해 종신보험을 준비한다면 수익률이나 가치보전 측면에서 효과적인 달러종신보험에 관심을 가질 필요가 있다.

원화보험 대비 달러종신보험은 보험료와 보험금이 달러로 계산되어 원화보다 안정적이고, 최저보증이율이 원화상품보다 높아 보험료와 적립금 측면에서 유리하다. 주의사항으로는 보장성 보험은 사업비가 비싸다는 점과 환율에 따라 보험료가 상승할 수 있고, 조기에 해지하면 원금 손실이 발생하며, 환차익도 가능하지만 환손실도 가능하다는 점이다. 그리고 종신보험은 보장을 기본으로 하기 때문에 저축이나 자산증식용으로는 적합하지 않다는 점도 명심해야 한다.

물론 달러종신보험을 저축이나 투자수단으로 활용할 수 있는 방법도 있다. 추가납입이라는 방법이 있기 때문이다. 추가납입은 수수료가 적거나 거의 없다. 추가납입한 보험료는 국내 금리보다 높은 금리

(2020년 5월 현재 2.95% 수준)로 적립되기 때문에 추가납입을 통해 저축기능을 강화할 수 있고 안정적인 최저금리를 활용할 수 있다. 현재 최저보증금리(2020년 5월 현재 2.75%)가 국내 다른 상품의 금리보다 높기 때문에 추가납입을 적극적으로 활용하는 것은 의미가 있다. 보장을 위해 납입한 보험료를 제외하고 추가납입한 보험료만으로 비교하면 국내저축보다 수익이 높은 금융상품을 안전한 달러로 투자하는 것과 같다. 그래서 종신보험을 가입하려면 달러종신보험과 추가납입을 통한 달러자산 투자를 고려할 만하다.

최근에는 달러를 활용한 저축성보험도 출시되고 있다. 기존에 외국보험사들이 주도하던 달러보험시장에 KDB, DGB생명 등이 도전장을 내밀었다. 달러 저축성보험은 국내 원화상품보다 이율이 높은 편이고, 글로벌 기축통화라는 안전성 면에서 충분히 고려할 수 있는 상품이다. 다만 단기적인 시각에서 선택할 상품이 아니라는 점은 분명히 고려해야 한다.


## 해외 주식·펀드에 직접투자

해외에 직접투자하는 방식은 해외주식을 직접 사는 것과 펀드에 투자하는 방식이 있다. 최근에는 시스템이 간편해져 해외주식도 국내주식거래와 큰 차이가 없다. 펀드는 분할투자하는 적립식과 일시납 투자가 가능한데, 안정적으로 투자하려면 적립식 투자를 장기적으로 하는 것이 좋다. 해외 펀드투자 역시 국내 펀드투자와 특별한 차이가

Step1. 해외주식 계좌 개설
국내 주식거래 계좌를 가지고 있으면 '해외증권거래' 신청을 하면 되고,
계좌가 없으면 계좌를 만들어야 한다. 요즈음은 비대면으로 계좌 개설
이 가능하니 간단하게 개설할 수 있다.

Step2. 외화거래를 위한 환전
원화를 입금해서 환전을 하거나 해당 통화를 입금해 거래금액을 준비해
야 한다.

Step3. 해외주식 거래, 매수 및 매도

없다.

해외주식을 직접 거래하는 이유는 세계적으로 유망하고 성장가능
성이 높은, 고수익을 얻을 수 있는 기업에 투자하여 높은 수익을 올
릴 수 있기 때문이다. 이름만 들어도 설레는 세계적인 기업들에 투자
하여 배당과 투자수익을 얻을 수 있다는 것은 매우 매력적으로 다가
온다. 하지만 꾸준히 상승했던 미국 주요기업들의 주가도 코로나19
위기로 휘청거리고 있다. 그래서 국내든 해외든 투자는 늘 위험을 동
반한다는 사실을 염두에 두어야 한다.

최근 국내 증권사에서도 해외 적립식 주식투자 상품을 선보이고
있다. 아마존, 마이크로소프트, 애플 같은 주식을 사려면 큰돈이 필
요한데, 이 상품은 자신이 원하는 금액만큼 살 수 있다. 예를 들어 10
만원을 투자한다면 0.5주를 사는 효과를 가지는 식이다. 장기적으로
투자한다는 개념에서, 또 자녀들에게 외국 주식을 달러로 사준다는

의미라면 이런 투자도 좋을 것이라고 생각한다.

　해외 주식·펀드 투자의 가장 큰 단점은 세금이다. 해외주식에 직접투자해 발생한 양도차익에 대해서는 22%의 세금을 부과한다. 배당소득에 대해서는 15.4%의 세금을 내야 한다. 해외펀드 투자수익의 경우에도 배당소득세 15.4%를 낸다. 이런 면에서는 비슷한 수익률이라면 양도차익에 대한 세금이 없는 국내 투자가 훨씬 안전하고 유리할 수 있다.


## 역외보험

최근 역외보험을 통해 달러자산을 가지려는 사람들이 늘고 있다. 일종의 금융직구 개념으로 미국이나 홍콩 소재 외국보험사의 보험상품에 가입하는 것인데, 기본적으로 미국 달러로 보험료와 보험금이 책정되고 국내 자산 운용방식보다는 유연하고 효과적인 방식으로 투자해 상대적으로 높은 수익률을 보이고 있다.

　보는 관점과 시각에 따라 다를 수 있지만 한국 금융산업의 경쟁력은 다른 부문에 비해 떨어지는 것이 현실이다. 그런 점에서 금융선진국들의 금융상품과 투자상품을 자신의 상황에 맞게 선택하여 달러자산을 가지는 것도 바람직한 모습이다. 하지만 이 역시 10년 이상의 장기투자일 때 효과를 볼 수 있다. 상품의 특징을 잘 파악하고 자신에게 맞는 상품을 선택해 장기적인 복리효과를 활용하고 자산의 안정성을 지킨다는 측면에서 활용할 만하다. 대표적인 역외보험상품으로는 IUL이 있다.

IUL(Indexed Universal Life Insurance)은 보험료 납입이 유연한 유니버셜보험의 특징을 가지고 있다. 미국 LIMRA의 발표에 의하면 2019년 판매된 생명보험의 23%가 저축성 생명보험인 IUL이라고 한다.

IUL은 내가 낸 보험료에서 위험보험료와 비용을 뺀 나머지 적립금이 S&P500, EUROSTOXX50, HANGSENG INDEX 등 Index에 연동되어 적립된다. 여기에 Cap과 Floor라는 개념을 적용하는데, 이는 주가가 오를 때 최대 10%까지는 수익이 나는 대로 지급하고 나머지는 회사가 갖는다. 핵심은 주가가 떨어져 손실이 날 때도 수익률은 0%로 마이너스가 되지 않는다는 것이다(수익은 있으나 손실은 없다(High Return, No Lose)). 지난 20년간 이런 식으로 적립금을 운영해 S&P500, EUROSTOXX50, HANGSENG INDEX, KOSPI 등 어떤 지수에 적용해도 5~8%의 평균수익이 발생했다.

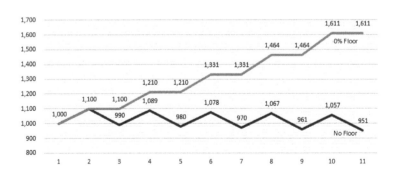

No Floor vs 0% Floor

주가가 +10%, -10%를 반복한다고 가정했을 때 1,000원을 투자하면 10년째 수익은 4.9%로 951원이다. 하지만 IUL의 적립금은 마이너스(-)가 없기 때문에 10년 후 61.1% 수익으로 1,611원이 된다.

하지만 우리가 해외에서 상품을 직구하다 보면 잘못 주문하거나 불량 문제로 번거럽고 시간이 많이 드는 불편함이 있을 수 있다. 마찬가지로 역외금융상품도 제대로 알지 못하고 가입하면 큰 손해를 볼 수 있다. 판매하는 회사, 상품에 대한 명확한 이해가 선결된 후에 선택하는 것이 매우 중요하다.

# 투자에 대한 나의 감정은?

Q ———

주식, 펀드, 금, 달러 등 투자를 통해 돈을 많이 번 사람들을 보면 어떤
감정이 느껴지나요?
그 사람들은 어떻게 투자에 성공할 수 있었을까요?
그들처럼 성공한 투자자가 되려면 나는 무엇을 해야 할까요?

A ———

.................................................................

.................................................................

.................................................................

.................................................................

.................................................................

## 주식투자, 평생 5개 회사만 찾아라

세계 최고의 부자 1, 2위를 다투는 오마하의 현인 워렌 버핏, 그는 사람들이 위험하다고 거부하는 주식투자를 통해 부를 일군 대표적인 사람이다. 대학생들과의 만남에서 그는 이렇게 질문한다.

> "만약 여러분이 이 강의실에 있는 사람 중 한 사람이 버는 돈의 10%를 영원히 받을 수 있는 권리를 5만달러에 산다고 가정해 보죠. 여러분이 선택한 사람이 졸업한 후 3만달러를 벌면 여러분은 그 사람에게 3천달러의 로열티를 받는 겁니다. 그 사람이 엄청 일을 잘해서 코카콜라의 도널드 키오 회장처럼 된다면 여러분은 부자가 될 수 있겠죠.
>
> 여기 있는 사람 중 누구를 선택할지 어떻게 판단할 건가요? 여러분 중 한 명의 10%를 살 수 있다면 누구를 선택하겠습니까?"

그는 "주식투자란 동업자를 선택하는 것이고 평생 함께할 회사의 주인이 되는 것이다"라고 말한다. 지금부터 당신이 이런 마음으로 주식투자를 한다면 어떻게 될까?

한 기업에 투자하기 위해서는 알아야 할 것들과 챙겨야 할 것들이 많다. 그 회사의 주요 사업 아이템은 무엇인지, 기술력은 있는지, 자본은 튼튼한지, 노조와 경영진 관계는 어떠한지…. 하지만 그중에서 가장 중요한 것은 회사의 최고경영자, 회사의 오너가 어떤 사람이고 어떤 철학을 가지고 있는지, 어떻게 기업을 운영하는지가 가장 중요하다.

언제나 자신이 이해할 수 있는 기업에만 투자한다고 하는 워렌 버핏은 또 이렇게 말한다.

"여러분이 제대로 이해할 수 있는 회사를 평생 5개만 발견해도 큰 부자가 될 수 있어요."

내가 관심이 있고 좋아할 만하고, 경영자가 어떤 사람인지 알 수 있는 회사 중 투자할 만하다고 평가되는 회사 5개를 찾는 것은 평생에 도전할 만한 일이다.

그 회사는 삼성전자일 수도 있고, 카카오일 수도 있고, 현대자동차, LG화학일 수도 있다. 아니 우리나라를 벗어나 미국의 디즈니일 수도 있고, 구글이나 아마존일 수도 있다. 그런 회사를 주가의 흐름에 따라 사고팔 생각이 아니라 동업을 한다는 생각으로, 평생 누군가와 오랫동안 기업을 같이 한다는 생각으로 평가해 보자. 이런 태도의 주식투자는 두 가지 장점이 있다.

첫째, 매일매일을 주가 흐름에 따라 행복과 불행이 정해지는 불안정한 삶에 빠지지 않는다.

둘째, 장기적으로 높은 복리수익을 가져다 줄 가능성이 아주 높다.

평생 5개의 회사만 선택한다는 마음으로 투자할 기업을 찾아보자. 그리고 오랫동안 그 기업이 주는 성공의 열매인 배당을 받으면서 회사의 성장을 위해 함께 기도하고 노력해 보자.

# 나눔에 대한
# 새로운 프레임

나눔, 공유, 협업 등 기존의 자본주의적 관점에서 이해하기 힘든 형태의 비즈니스와 성공 모델들이 탄생하고 있다.

개인적인 차원에서도 나눔은 새로운 프레임을 요구한다. 나눔을 관계적 나눔과 사회적 나눔으로 나누어 보고, 경제적 자유를 만들어 가는 데 나눔은 어떤 의미가 있는지 알아보자.

# 나눔과 착함에 대한
# 아주 오래된 스토리

비바람이 몹시 몰아치던 늦은 밤, 작은 호텔로 비에 젖은 노부부가 찾아와 물었다.

"예약은 안했지만 혹시 방이 있습니까?"

하지만 인근 도시의 행사 때문에 빈방이 하나도 없는 상황이었고 주변의 모든 호텔도 마찬가지 사정이었다.

"손님, 정말 죄송합니다. 객실이 없습니다. 하지만 비도 오고 늦은 시간이니 차마 나가시라고 할 수 없군요. 누추하지만 제가 자는 방이 있는데 괜찮을까요?"

종업원은 이렇게 말하며 자신의 방을 제공했다. 노부부는 한동안 망설였지만 종업원의 간곡한 권유로 그의 방에서 하루를 묵었다.

다음날 아침 그들은 계산을 하며 이렇게 말했다.

"당신을 위해 미국에서 제일 좋은 호텔을 지어주겠소."

종업원은 노부부가 농담을 한다고 생각하고 미소로 대답하고 공손히 인사했다. 그리고 2년 후, 그는 노부부로부터 뉴욕으로 오라는 초

청장과 비행기 표를 받았다. 종업원이 도착하자 노부부는 그를 시내의 웅장한 새 건물 앞으로 데려가 이렇게 말했다.

"이것이 내가 당신에게 지어주겠다고 약속한 그 호텔이요."

이 노인은 윌리엄 월도프 아스토였고, 그 건물은 그 유명한 월도프 아스토리아 호텔이었다.

친절을 심은 결과 작은 호텔의 일개 종업원이었던 조지 볼트는 세계적인 호텔의 지배인이 되었다.


이 이야기는 지어낸 동화나 우화가 아니다. 지금도 전 세계 다양한 곳에서는 이렇게 많은 선행과 선행에 대한 보답들이 이어지고 있다. 물론 '착한 일을 하면 제비가 박씨를 물어다 주어 대박이 난다'라는 기대를 하면서 행동을 하는 것은 너무 안이하고 어리석은 생각이다.

그렇다면 과연 'Give & Take', 먼저 주고 나서 받는다는 프레임은 동화 속 이야기일 뿐인 걸까?

아니다. 오늘날은 분명 '위코노미(We + Economy)'의 시대다. 이상적이고 낭만적인 이야기가 아니라 현실적이고 합리적인 관점에서 평가해도 나눔의 시대, 나눔이 돈이 되는 시대, 나누는 사람이 성공하는 시대다.

'나눔'이라는 테마를 돈 공부에서 따로 구분해 살펴보는 이유는 우리가 '돈'이란 것을 매개로 사회에서 다양한 모습으로 관계를 맺고 있고, 때로 그 관계가 우리의 자산 형성과 누수에 결정적인 영향을 미치기 때문이다.

당신은 '나눔'이라는 말을 들으면 어떤 생각이 드는가? 당신은 당신이 가진 것으로 얼마나 많은 사람들을 돕고 있는가? 매월 기부는 얼마나 하고 있고, 주위 사람들의 어려움을 돕기 위해 얼마나 사용하고 있는가?

이번 장에서는 나눔에 대해 한 번 생각해 보는 시간을 가져보자.

# 기브 앤 테이크, 다시 시작하는 착한 부자 이야기

착한 사람의 성공 스토리, 베푸는 사람이 복을 받는 이야기는 정말 이제 끝난 걸까? 31세의 젊은 나이에 세계 최고로 인정받는 와튼스 쿨에서 종신교수로 임명받은 애덤 그랜트는 저서 《기브 앤 테이크》에서 착한 사람, 기버(Giver)의 성공 스토리는 지금도 계속되고 있다고 주장한다. 그의 주장 속으로 한 번 들어가 보자.

애덤 그랜트는 주고받는 스타일에 따라 사람을 기버(Giver), 테이커(Taker), 매처(Matcher) 세 부류로 나눈다.

기버(Giver)는 베푸는 사람이다. 시간, 에너지, 돈을 사용해 누군가를 돕는 것을 좋아하는 사람이다. 늘 손해보고 희생하고 양보하면서 살아간다. 테이커(Taker)는 자신을 위해 행동하고 자기중심적으로 살아가는 사람이다. 내 것도 내 것, 네 것도 내 것이라는 정신의 소유자라고 볼 수 있다. 매처(Matcher)는 균형을 추구한다. 받은 만큼 돌려주고 준 만큼 받으려고 한다.

우리 주위에는 세 부류 중 어떤 부류가 가장 많을까? 가만히 생각해 보면 매처가 가장 많아 보인다. 우리는 보통 받은 만큼 돌려주지 못하면 불편하고 준 만큼 받지 못하면 섭섭하다. 그래서 우리 주변에는 매처들이 가장 많고 그들이 사회를 지탱해 왔다.

## 기버, 테이커, 매처 중 누가 성공할까?

그랜트는 이 세 부류 중에서 누가 가장 성공적이고 부유한 삶을 살고, 누가 힘들게 사는지 궁금했다. 그는 다양한 논문과 사례를 연구해 어떤 사람이 성공하는지, 어떤 사람의 수입이 더 많은지 밝혀냈고, 그 결과를 책을 통해 우리에게 알려준다.

아주 단순하게 수입과 지위를 가지고 상중하 3단계로 나누어 보면 가장 낮은 곳에는 누가 있을까? 돈도 제일 못 벌고 지위도 낮은, 어느 누구도 가고 싶어 하지 않는 그곳에는 기버들이 있었다. 이들은 남들을 돕는다고 자신의 일을 제대로 못하고, 양심에 찔리면 다른 사람의 입장을 고려해 세일즈를 중단하기도 한다. 그랜트는 연구 결과를 통해 이렇게 말한다.

"기버는 테이커에 비해 수입이 14% 적고, 사기 등 범죄 피해자가 될 위험이 2배나 높고, 실력과 영향력을 22% 낮게 평가받는다."

그렇다면 성공의 사다리 꼭대기, 누구나 가고 싶어 하는 그곳에는 기버, 테이크, 매처 중 누가 있을까? 놀랍게도 그곳에도 '기버'들이 있었다.

"최고의 영업사원은 기버로, 그들은 테이커와 매처보다 연간 50%

나 더 높은 실적을 올렸다."

우리가 볼 때 가장 낮은 곳에 있는 기버는 이해가 된다. 현실에서는 흥부를 부자로 만들어줬던 제비도, 신데렐라에게 마법의 마차를 가져다준 요정도 존재하지 않기 때문에 기버들은 마음은 부유하지만 나누어 주고 베풀고 더러는 빼앗기며 가난하게 살 가능성이 높다. 그런데 가장 높은 곳에서 성공적인 삶을 살고 있는 기버들은 어떻게 그곳에 가 있을까? 이 장에서는 전체적으로 그 답을 찾아나간다. 어떻게 환경이 바뀌었고, 왜 기버들이 성공하고 있는지 천천히 알아보자.

우리는 대부분 선한 사람들이다. 그래서 할 수만 있다면 베풀고 양보하면서 살고 싶다. 하지만 그렇게 살면 패배자가 될 수 있기 때문에 우리는 우리 것을 지키면서 살려고 노력한다. 그리고 그 과정에서 우리의 선함을 잃어버리기도 한다. 그런데 기버로 살면서도 성공할 수 있다면, 착하게 살면서도 성공할 수 있다면 그런 삶에 도전해 보는 것도 괜찮지 않을까?

실패하는 기버와 성공하는 기버는 어떤 차이가 있는 것일까? 어떻게 하면 기버로 살면서 성공할 수 있을까? 이런 질문들에 대한 답을 찾아보자.


## 나누는 자들의 성공에 유리한 환경적 변화

《기브 앤 테이크》에서 가장 주목을 끄는 부분은 변화된 환경에 대한 이야기다. 성공의 높은 사다리에 올라가 있는 기버들에게 도움이 되는 환경적 변화가 이루어지고 있다. 즉, 관계보다 개인적인 취향이 중요시되고 가족·친척·동문 등 소규모 공동체들이 의미를 잃어가는 시대에 역설적이게도 사람을 중요하게 생각하고 타인을 배려하는 기버들에게 유리한 환경이 형성되고 있다는 것이다.

그랜트는 기버들의 성공에 도움이 되는 두 가지 환경 변화가 진행 중에 있다고 주장한다.

먼저, IT 기술의 발달로 베푸는 삶과 착한 삶이 주위 사람들에게 공유되고 알려지는 시간이 엄청 짧아졌다는 것이다. 과거에는 새로운 프로젝트를 위해 사람을 찾을 때, 좋은 자리에 적절한 전문가가 필요할 때 헤드헌터나 인맥을 통해 사람을 먼저 찾고, 인맥을 총동원해 그 사람에 대한 평판 조회를 하곤 했다. 하지만 지금은 SNS를 활용해 사람을 찾고, 그 사람의 페이스북에 올라와 있는 사진과 글을 보면 어떤 사람들과 관계를 맺고 있고, 어떤 생각을 가지고 있는지를 쉽게 알 수 있다. 마찬가지로 예전에는 누군가 착한 일을 하더라도 선행이 잘 알려지지 않았지만 지금은 누군가 선한 일을 하면 SNS를 통해 쉽게 확산된다. 우리는 친구가 멋진 일을 하면 '#좋은건공유'라고 태그를 걸어 신나게 공유를 한다. 물론 나쁜 일도 빨리 번지지만 좋은 일과 좋은 사람도 아주 짧은 시간에 알려진다.

두 번째는 세상을 지키는 것은 한 명의 영웅이 아니라 어벤져스의 시대, 즉 개인의 역량이 아니라 협업이 중요한 시대가 되었다는 것이다. 예전에는 능력으로 인정받았던 기능들을 지금은 기계와 인공지능이 대체하고 있다. 그러다 보니 사람들이 성과를 내는데 필요한 능력은 기능보다 소통을 통한 협업 능력이다. 그렇다면 협업이 필요할 때 우리는 누구를 찾을까? 서로 협업을 해야 할 때 사람들은 당연히 이타적이고 베풀 줄 아는 사람과 일하고 싶어 하고, 능력보다 품성을 더 우선시한다. 협업에서 성과를 내는 사람들은 혼자 성공을 독차지하는 사람이 아니라 "잘 차려놓은 밥상을 잘 먹기만 하면 되는데, 스포트라이트는 나 혼자 받는다"며 겸손하게 다른 사람에게 공을 돌리는 황정민 같은 스타일이다.

혼자 사는 시대가 아니다. 주위를 둘러보면 어떤 사람 주위에는 그가 실패하기를 바라는 사람이 많고, 어떤 사람 주위에는 그가 성공하기를 바라는 사람이 많다. 그것이 차이를 만들어 낸다. 어려운 일이 생겼을 때 잘 극복하는 사람, 좋은 일이 생겼을 때 그 일이 확장되는 사람 옆에는 그 사람이 어려움을 극복하기를 원하는 사람들, 성공하기를 바라는 사람들이 있다.

# 나누는 마음이
# 만들어 가는 부자들

우리는 행복한 부자, 존경받는 부자를 말할 때 워렌 버핏, 빌 게이츠, 마크 저커버그, 경주 최부자, 제주 김만덕 같은 사람들을 떠올린다. 그런데 모두 위대하고 존경할 만하지만 감히 따라할 엄두가 나지 않는다. 그래서 나누는 마음이 만들어 가는 부자는 우리와 상관없는, 책과 이야기 속에만 존재하는 영웅적인 주인공들이라고만 생각한다. 하지만 작정하고 찾아보면 우리 주변에는 선하고 착한 성공스토리들이 엄청 많다. 다만 우리의 선택적 지각이 나쁜 부자들의 이야기와 부자가 되면 위험하고 불편해지는 이유를 찾는 데 익숙하기 때문에 쉽게 발견할 수 있는 착한 부자들의 이야기를 놓치고 있을 뿐이다.

　나눔을 통해 부자가 되는 사람들의 특징을 세 가지로 정리해 보자. 주위를 둘러보면 쉽게 발견할 수 있는 사람들이다. 그들의 모습을 따라가 보면 우리도 그들처럼 조금 더 성공적인 삶, 조금 더 여유있는 삶을 살 수 있지 않을까?

## 첫째, 그들은 다른 사람의 기쁨과 성공을 공유한다

페이스북이나 밴드의 활동을 보면, 좋은 소식이 있으면 축하해 주고 좋은 사람을 연결해 주고 스토리를 공유해 도움을 주는 사람들이 많다. 반대로 다른 사람의 이야기에는 전혀 관심도 없고 '좋아요'와 '댓글'도 달지 않고 공유도 하지 않으면서 자신의 셀카 사진들만 가득하고, 유명한 사람들과 찍은 사진, 비싼 음식 사진으로만 가득한 사람도 있다. 어떤 사람들이 성공하고 어떤 사람들이 부자가 되어갈까?

2016년부터 3년 동안 매주 수요일 진행했던 〈수요배나채〉라는 강의 프로그램에서 만난 젊은 부자들, 자신의 세계를 만들어 가는 청년들을 보면 누구보다 '공유' 정신이 뛰어났다. 이들은 좋은 일이 있으면 나누고, 함께할 일이 있으면 소개하며 서로 격려하고 자극하면서 젊은 날들을 멋지게 보내고 있었다. 나보다 20년 가까이 젊은 친구들이 내 나이쯤 되었을 때 얼마나 멋진 삶을 살아갈지를 상상해 보면 정말 기대되고 흥분된다. 그래서 이런 친구들과 더 친하게 지내려고 노력한다. 아마 이 친구들은 점점 더 성공하고 점점 더 멋진 인생을 살아갈 것 같다.

이처럼 우리 주변에서 사업과 관계의 영역이 넓어지는 사람들을 찾아보면 좋겠다. 그리고 그들이 어떻게 하는지 보고 따라 해보기를 권한다.

## 둘째, 그들은 퍼주기와 나누기를 구분한다

───────────

가난하고 힘들어 하는 사람을 돕는 것이 기버의 속성이다. 하지만 똑같은 사람에게 의미 없는 도움을 반복적으로 제공하면 기버의 에너지가 고갈되고 만다. 돕고 베풀었다면 그 효과가 있는지 살피는 것은 두 가지 측면에서 매우 중요하다. 돕고 나누는 행동 에너지를 강화하기 위해 필요하고, 불필요한 에너지 낭비를 줄이기 위해서도 필요하다. 답도 없고 실질적으로 도움도 되지 않는 일을 계속 반복하는 것은 호구의 행동이지 성공하는 기버의 모습은 아니다. 답이 안 나오는 것을 뻔히 알면서도 누군가를 돕는 것은 비난으로부터 자신을 지키는 행위에 불과하다. 이런 일이 반복되면 나누는 마음 자체가 없어져 버리고 공유의 시대에 성공 에너지를 잃어버리게 된다. 누군가를 도울 때 정말 이것이 도움이 될 것인지 아닌지 잘 구분하는 지혜가 필요하다.


## 셋째, 그들은 자신의 이익도 함께 챙길 줄 안다

───────────

《기브 앤 테이크》에서 가장 인상 깊었던 내용이 기버의 협상 태도에 대한 이야기다.

　기버의 성향을 가진 사람들은 연봉 협상이나 가격 협상, 다양한 비즈니스 조건 협상에서 양보를 잘한다. 많은 기버들은 자신들의 성향 때문에 본인에게는 피해가 크지만 상대에게 크게 도움이 되지 않는 양보를 하거나, 비즈니스 손실이 예상되는 양보를 하곤 한다.

이런 기버들에게 그랜트는 협상할 때 '누군가의 대리인'이 되어 보라고 조언한다. 연봉 협상을 할 때, 기버들은 협상을 잘 못하지만 사랑하는 아내와 자녀들을 생각하면서 그들의 대리인이자 그들의 대표로 협상에 임하면 조금 더 실질적이고 이성적인 주장을 할 수 있다. 비즈니스 협상에서도 마찬가지다. 고생하는 우리 회사 직원들의 대리인으로 협상에 임하면 기버들도 훨씬 더 정당한 주장을 할 수 있다. 왜냐하면 기버들은 누군가에게 도움이 되어야 하는 존재이기 때문이다.

자신에게 필요한 것이 무엇인지 알고 그것을 요청할 줄 아는 사람과 알아주기를 기대하는 사람은 큰 차이가 있다. 도움을 주고받은 사람들에게 요청할 줄 아는 사람이 성공하는 기버의 자리에 갈 수 있다. 거절에 대한 두려움을 극복하고 감정을 빼고 아주 건조하게 요청해 보자. 그러면 예상하지 못했던 기쁨을 누릴 수 있을 것이다.

우리는 베풀고 나누는 삶이 더 즐겁고 행복하다는 것을 알고 있다. 하지만 호구가 되지 않을지, 오지랖이라고 핀잔을 받지 않을지, 돈과 에너지 낭비로 끝나지 않을지 두렵다. 그 두려움을 극복하는 방법은 좀 더 생각하고 고민하면서 차근차근 '지혜로운 이타주의자'가 되어가는 것이다. 앞에서 언급한 세 가지 비밀을 한 가지씩 실천해 보면 도움이 될 것 같다. 호구의 대명사였던 나도 가끔 이 방법을 통해 지킬 것을 지켜나가고 있다.

# 나눔도 돈이 되나요?

'나눔도 돈이 되나요?'라는 질문에 답하기 위해서는 나눔을 두 가지로 나누어 볼 필요가 있다. 나눔의 형태와 영향을 생각하면서 나눔을 '사회적 나눔'과 '관계적 나눔'으로 구분해 보았다.

사회적 나눔은 사회적으로 도움이 필요한 사람들에게 정기적인 기부와 일시적인 기부 그리고 자원봉사로 구분할 수 있고, 관계적인 나눔은 가족·친인척, 동료들과의 정기적·비정기적인 모임을 통한 나눔, 비정기지출, 경조사비 등으로 구분해 볼 수 있다.

| 구분 | 대상 | 형태 |
|------|------|------|
| 사회적 나눔 | 사회공동체<br>가난한 사람<br>도움이 필요한 사람 | 정기적인 기부<br>일시적인 기부(돕기 행사 등)<br>자원봉사 |
| 관계적 나눔 | 가족·친인척<br>친구·지인<br>직장 동료, 사업 파트너 | 정기, 비정기 모임<br>경조사비<br>동호회 활동 |

이렇게 정리를 해보면 내가 가족과 친인척, 주위 공동체와 어떤 관계를 맺고 살고 있는지, 그리고 사회에 대해 어떤 태도를 가지고 있는지 감을 잡을 수 있다. 두 가지 나눔을 다 잘하는 사람이 있고, 어떤 이는 하나만, 어떤 이는 전혀 하지 않고 살고 있을 것이다.

## 사회적 나눔

사회적 나눔이란 우리 사회를 함께 이루고 살아가는 사람들과 나누는 '기부'나 '봉사'를 말한다. 개인적으로 모르는 사람이지만 그들의 어려움에 공감하거나 함께 사는 것이 건강한 사회를 만드는 일이라고 생각하는 사람들은 사회적 나눔을 실천하고 산다. 이런 스타일의 대표적인 연예인들이 '션과 정혜영 부부' '김혜자 선생님' '차인표·신애라 부부' 같은 멋진 이들이다.

스노우폭스의 김승호 회장은 "부자가 되는 과정에서 생기는 가시가 있는데, 그것을 해결하는 방법이 기부"라고 말한다. 나눔에 대해 낭만적인 접근이 아니라 아주 현실적이면서도 영적인 표현이라 공감하게 되었다.

사실 경쟁사회에서 성공하고 부를 만들어 가는 과정에서는 원하든 원하지 않든 '가시'가 생기기 마련이다. 한 동네에서 장사를 하면서 먹고 살기 위해 고객을 더 확보하기 위한 전쟁을 치러야 하고, 회사를 더 키우기 위해 작은 회사를 힘들게 때로는 망하게 만들기도 한다. 이런 행동은 의도적으로 악한 마음으로 하는 것이 아니라 돈을 벌고 성공을 만들어 가는 과정에서 불가피하게 발생하는 일이다. 내가 전교 1등을 하려면 전교 1등 하던 친구를 2등으로 밀어내야 한다. 다른 방법이 없다. 그 과정에서 다양한 아픔과 고통이 생긴다. 그런 가시를 계속 가지고 있으면 그 가시가 나를 계속 찌르게 된다.

LA 흑인 폭동이 났을 때 평소 주위를 잘 보살핀 사람들, 나눔을 베푼 사람들의 가게는 멀쩡했다는 이야기의 메시지가 바로 이런 것이다. 그래서 어느 정도 성공하면 기부와 나눔은 필수가 된다. 좀 천박하게 표현하자면 그렇게 해야 가시에 찔리지 않고 내 돈과 재산을 지킬 수 있고 나의 행복을 유지할 수 있다.

## 관계적 나눔

사회적 나눔도 중요하지만 내가 좀 더 주목하는 나눔은 '관계적 나눔'이다. 나눔이 돈이 되느냐 아니냐는 낭만이 아니라 아주 현실적인 문제이자 늘 우리를 괴롭히는 문제이기도 하다. 우리는 매일매일 밥을 같이 먹는 것에서부터 돈을 빌려주고 받는 것까지 늘 '관계적 나눔'에 대한 결정들 속에 파묻혀 산다.

돈을 좀 벌면 "갑자기 급해서 그런데, 돈 좀 빌려 달라!"고 여기저기서 사람들이 찾아온다. 그래서 어떤 이들은 관계를 단절시키고 만다. 내 주위에도 갑자기 돈을 번 다음 관계 맺기에 실패해 기존 관계를 단절시킨 사람들이 있다.

반대로 "저는 누가 돈을 빌려달라고 하면, 제가 돈이 없을 때는 옆에서 빌려서 줘요. 저도 제가 왜 이러는지 모르겠어요. 이러면 안 되는 걸 아는데, 거절을 못해요."라고 말하는 사람도 있다. 참 쉽지 않은 문제다.

나눔에도 나름 원칙이 필요하다. 위에서 살펴본 것처럼 퍼주기를 중단하고 나누기만 하겠다고 생각해도 그리 쉬운 문제는 아니다. 다음 두 가지를 의미있게 생각해 보자.

첫째, 먼저 나누는 기버(Giver)가 되자.

나눔이 돈으로 돌아올 수 있다는 사실을 생각하고, 나눌 수 있다면 잘 나누는 사람이 되자는 것이다. 《기브 앤 테이크》에서도 언급되었지만, 지금은 협업의 시대다. 주위에 좋은 일, 돈 되는 일, 성공에 가까이 갈 수 있는 길이 있으면 우선 나누는 사람, 베푸는 사람을 찾기 마련이다. 그런 일은 내가 이미 관계를 맺고 있는 사람들 사이에서 늘 발생하는 일이다. 나는 내가 경제적으로 좋았을 때도 다른 사람들의 도움이 중요했고, 경제적으로 어려움을 극복할 때도 다른 사람의 도움이 컸다.

지금 주위를 둘러봤을 때 역량을 발휘하지 못하고 있는 사람이 있다면 먼저 기버가 되라. 꼭 금전적인 것이 아니어도 괜찮다. 주위 좋은 사람들과 좋은 스토리를 만들어라. 서로 돕고 나눈 스토리는 돈이 되는 좋은 관계를 확대재생산시킨다.

둘째, 기준을 세워야 한다.

다른 사람들과의 만남, 경조사비 등 대인관계에서 쓸 수 있는 예산을 미리 정해두고 가능하면 예산범위 내에서 사용하는 것이 좋다. 돈을 빌려주거나 금전적인 도움을 줄 때도 나름의 원칙이 필요하다. 제일 안타까운 상황은 돌려받을 수 없는 줄 알면서, 정말 주기 싫은데 주고 있는 모습이다. 주고 후회하지 않는 것이 매우 중요하다. 큰돈을 빌려주거나 도와줄 때에는 다음과 같은 기준을 정해두면 좋다.

1) 돈을 빌려 줄 때는 못 받을 각오를 하고 빌려준다.
2) 가능하면 가족(배우자)과 상의 후 빌려주거나 도와준다.
3) 돈이 필요한 이유를 들어보고 납득이 갈 때 결정한다.

냉정하게 살펴보면 사회적 나눔이 다시 돈으로 돌아오는 경우는 많지 않다. 그리고 기부를 하느냐 마느냐가 실제 우리 삶에 직접적인 영향을 미치지는 않는다. 좋은 평판을 만드는데 도움이 되기는 하겠지만 간접적이다. 하지만 관계적 나눔은 금액도 크고 자주 발생하고 늘 우리 옆에서 부정적으로 또 긍정적으로 우리의 통장에 영향을 미친다. 그래서 당신이 돈을 많이 벌고 자산이 많을수록 더욱 더 자신만의 원칙과 기준이 중요하다.

# 행복한 나눔 공식, 나눔 프레임

나눔을 공식으로 나타내면 어떻게 될까? 나눔에 대해 아주 직관적으로 설명하기 위해 이런 공식을 만들어 보았다.

$$Sharing = Benefit + Helper's High + Boomerang Benefit$$

나눔이란 나눔의 대상들이 받는 혜택(Benefit), 나누는 사람들이 얻는 심리적인 만족(Helper's High)과 나눔이 나에게 되돌아오는 유익(Boomerang Benefit)으로 구분해 볼 수 있다.

## 나눔을 구성하는 3가지 요소

구체적으로 나눔의 공식을 살펴보자.

Benefit은 나눔의 이유이자 원인이다. 나눔을 실행하려고 할 때 누구나 그 나눔이 얼마나 의미가 있고 효과가 있을지 생각한다. 구체적으로 기부한 돈이 어떻게 활용되는지, 그 돈으로 일어날 수 있는 변화가 무엇인지를 알면 그 의미와 효과는 더욱 커지게 된다. 대상은 사람마다 다를 수 있다. 어떤 사람은 노숙자를 도우려 하고, 어떤 사람은 공부 잘하는 가난한 학생을, 어떤 사람은 노인을 도우려고 한다. 이처럼 나눔을 하기 전에 구체적으로 알아보는 것은 늘 필요하다.

Helper's High는 돕는 자가 느끼는 기쁨이다. 마치 마라톤 선수가 어느 정도 거리가 되고 나면 고통보다 기쁨을 느끼는 것처럼 금전적으로 정신적으로 힘든 나눔의 과정에서 기쁨을 느낀다. 나눔이 정신 건강에 좋은 것은 물론이고 육체적인 건강에도 좋다는 것은 이미 연구 결과로 밝혀진 사실이다.

이처럼 나누는 사람이 얻게 되는 구체적인 혜택과 나누는 사람이 즐기는 기쁨이 나눔의 핵심 구성요소이다. 그런데 하나가 더 있다. 그것이 바로 Boomerang Benefit이다.

우리 주변에는 생각보다 정직하고 선하고 좋은 사람들이 많다. 그들은 도움을 받으면 그 도움을 돌려주고 싶어 하고, 또 서로서로 도우며 살고 싶어 한다. 자기 자신만 알고 자기 욕심만 채우는 사람과는 좋은 관계를 맺을 수 없음을 알고 있다. Boomerang Benefit은 먼저 나누어 본 사람만이 느낄 수 있고, 꽤 큰 감동과 감사를 느끼게 된다. 이것이 어쩌면 나눔의 묘미인지도 모르겠다.

나눔의 크기는 내가 베푼 나눔의 혜택을 받는 사람들이 받는 혜택의 크기가 클수록, 나누면서 내가 얻는 심리적인 만족과 기쁨이 클수록, 그리고 때때로 나눔의 결과로 내가 받는 또 다른 유익이 클수록 커진다.

가능하면 같은 나눔이라도 지혜롭게 나누어서 나눔의 가치를 키우는 것이 좋지 않을까?


## 어긋난 나눔

---

나누는 사람은 큰 결심을 한 것이지만 실제로 받는 이들에게 도움이 되지 않는 나눔과 봉사도 있다. 나누는 과정에서 아무런 기쁨을 느끼지 못하는 나눔이 있고, 감사와 혜택이 돌아오기는커녕 불만과 불평이 되돌아오는 나눔도 있다. 모든 나눔을 계산적으로 할 수는 없지만 가끔 나눔의 공식을 적용해 보면 나눔을 결정할 때 도움이 된다.

사회적 나눔은 Benefit, Helper's High는 존재하지만 Boomerang Benefit은 기대하지 않는 것이 좋다. 가난하고 소외된 자들을 돕는 유익은 내가 얻는 심리적 기쁨과 그 기쁨의 결과로 누리게 되는 건강과 행복이다.

관계적 나눔은 Benefit, Helper's High와 함께 직접적이든 간접적이든 Boomerang Benefit도 기대할 수 있다. 하지만 잘 나누지 않으면 주고 욕만 먹는 퍼주기가 되기도 한다. 또 상대가 힘들어 한다고 대책없이 계속 도와주면 Helper's High, Boomerang Benefit 두 가지 중 한 가지도 얻을 수 없다. 그러니 내가 받는 Boomerang Benefit이 없더라도 효과가 있고 그에 따른 기쁨이 있는 나눔이면 좋을 것 같다.

나눔이 돈이 되는 시대, 돈과 지식과 능력으로 소통하고 협력하는 시대에 나눔은 우리 주변과 우리 사회를 건강하게 만드는 특효약이다. 그리고 현실적으로 나눔으로 인해 나에게 돌아오는 효과는 작지 않다.

내가 나눔을 결심하면 내일은 또 누군가가 나로 인해 나눔을 결심하게 될 것이다. 그런 선순환이 우리 주위에서 계속 발견될 수 있기를 기도한다.

[부자들의 머니프레임 ⑥]

# 무엇을 남기고 싶은지…

Q ———

당신은 세상을 떠나면서 무엇을 남기고 싶은가요?
3가지를 적어 보세요.
그중에서 가장 중요한 것은 무엇인가요?


A ———

-------------------------------------------------------------

-------------------------------------------------------------

-------------------------------------------------------------

-------------------------------------------------------------

-------------------------------------------------------------

-------------------------------------------------------------

## 채리티 워터, 나눔이 최고의 사업이 되는 시대

깨끗한 물로 1,000만 명을 살린 남자의 영화 같은 이야기가 있다.

스캇 해리슨(Scott Harrison)은 뉴욕에서 잘나가는 나이트클럽 프로모터로, 술과 마약에 빠져 살고 있었다. 나이트클럽에 많은 사람들을 모아주는 대가로 큰돈을 벌었던 그에게 어느 날 갑자기 마비 증세가 나타난다. 두려움과 죄책감, 그리고 새로운 삶을 살아보고 싶다는 결심으로 10년간 지속하던 생활을 내려놓고 아프리카로 의료봉사 활동을 하러 떠난다. 그곳에서 그는 믿기 힘든 광경을 보게 된다. 물, 사람들이 마시는 '물', 도저히 마시면 안 될 것 같은 물 때문에 죽어가는 사람들을 보고 큰 충격에 빠진다.

깨끗하게 물을 걸러 줄 정화시설이 없어 아이들은 2~3시간을 걸어가야 흙탕물 같은 물을 마실 수 있었다. 하루의 대부분을 물을 뜨러 다녀야 하니 학교도 다닐 수 없고, 돈도 벌 수 없는 악순환이 반복되고 있었다. 그리고 더러운 물 때문에 온갖 질병에 시달리고 있었다.

깨끗한 물이 없어 병에 걸린 환자들은 병을 고치러 와서도 깨끗한 물이 없어 죽어 갔다. 이들에게 건강한 물을 주고 싶었다.

2007년 9월 7일, 32번째 생일을 앞두고 해리슨은 한 달 전부터 완전히 다른 '생일'을 준비했다. 늘 해오던 생일파티를 취소하고, 친구들에게 선물 대신 한 살을 1달러로 계산해 현금 32달러를 달라고 했다. 블로그에 글을 올려 9월에 태어난 이들에게 자신과 함께 '생일모금'을 해보자고 호소했다. 아이들에게 깨끗한 물을 제공하자는 취지에 많은 사람들이 공감했다. 친구들은 어차피 생일선물 사는데 썼을

32달러를 망설이지 않고 내놓았고, 블로그 글을 인터넷 구석구석 퍼날라 주었다.

이렇게 'Born in September' 프로젝트로 모은 159,000달러(약 1억 8,000만원)는 케냐의 병원 3곳과 학교 1곳에 우물과 수도를 만들어 줄수 있었다.

스캇 해리슨은 아프리카에 물을 공급하기 위한 NGO '채리티 워터'를 설립하고, 모금한 돈을 100% 기부하는 투명성과 후원자가 기부한 우물 프로젝트에 GPS를 달아 우물이 잘 작동되고 있는지 볼 수있게 신뢰도와 현장감을 높였다. 또 9월생 프로젝트, 재미와 의미가함께 존재하는 기부 갈라쇼 등으로 신뢰와 성장 두 마리 토끼를 함께잡은 멋진 NGO로 성장하고 있다.

채리티 워터는 자신의 강점을 살린 캠페인과 독특한 운영으로 세계에서 가장 혁신적인 자선단체, 가장 스토리가 많은 자선단체, 가장신뢰할 만한 자선단체로 인정받고 있다.

## PART 3

# 행복한 부자들의
# 5가지 머니 프레임

경제적 자유를 얻고 부자가 되어가는 과정은 장기전이다. 그 지리한 싸움에서 이기기 위해서는 마음의 근력을 키우는 마인드 피트니스를 해야 한다. 행복한 부자들의 머니 프레임이 무엇인지 살펴보고, 우리의 마음을 부자의 마음으로 리프레임하는 방법을 알아보자.

# [행복한 부자되기 ①]
# 내가 돈을 좋아하면
# 돈도 나를 좋아한다

우리는 돈에 대한 부정적인 표현들과 부자들에 대한 편견들로 가득 찬 세상에 살고 있다. 부자들의 삶을 다루는 영화들은 결코 행복하면 안 될 나쁜 인간들의 이야기들이거나, 보통사람들이 돈을 추구하다 악의 구렁텅이에 빠지는 스토리들이다. 그래서 우리는 돈도 부자도 별로 좋아하지 않는다.

## 에피소드 하나. 돈이 그렇게 중요한가요?

기부와 네트워크를 위해 모이는 모임에서 '부의 근력을 키워라'는 짧은 강의를 진행했다. 강의 내용은 건강하고 행복한 부자가 되기 위해서는 건강한 재무심리가 필요하고, 돈을 다룰 줄 아는 역량을 키워야 한다는 내용이었다. 분위기도 좋고, 반응도 좋은 상태에서 '함께 행복한 부자가 되었으면 좋겠습니다'라고 마무리를 하고 나서 큰 박수를 기분 좋게 받았다. 그리고 이어지는 질문 시간, 좋은 분위기를 확 깨는 질문을 받았다.

"젊었을 때 사업을 해서 꽤 큰돈을 벌었습니다. 그런데 생각해 보면 그때 저는 행복하지 않았습니다. 하지만 지금은 돈은 없지만 나누면서 사니까 훨씬 행복합니다. 살아보니 돈이 인생에서 그렇게 중요한 게 아니더군요. 저는 아버지가 유산 한 푼 남기지 않으시고 돌아가신 것이 정말 감사합니다. 지금도 돈 때문에 형제들끼리 싸울 일 없이 잘 지내고 있습니다. 돈에 대한 이런 태도에 대해서는 어떻게 생각하십니까?"

형식은 질문이지만 '살아보니 돈이 인생에서 그렇게 중요한 게 아닌데, 뭘 그렇게 돈이 중요하다고 떠드느냐?'라는 문제제기로 들려 기분이 좋지 않았다. 이런 질문이 처음은 아니었지만 그날은 좀 더 공격적으로 다가왔다.

의외로 우리 주변에는 질문을 하신 분처럼 돈에 대해 부정적인 인식을 가지고 있는 사람들이 많다.

'모든 문제의 근원에는 돈이 있다.'

'돈이 인생에서 가장 중요한 것은 아니지 않은가?'

'돈 때문에 가족관계가 파괴되는 경우가 많지 않은가?'

'부자가 되려면 다른 가치를 포기해야 하지 않는가?'

물론 이런 생각을 하는 사람들은 대부분 좋은 사람들이다. 하지만 그래서 더 안타깝기도 한 것이 사실이다.

질문하신 분께 이렇게 반문했다. 독자들도 두 가지 질문에 대해 같이 생각해 보면 좋겠다.

Q1 "돈이 많아서 생기는 문제가 많을까요? 돈이 없어서 생기는 문제가 많을까요?"

Q2 "돈이 많아서 문제가 생길 때, 돈이 문제인가요? 사람이 문제인가요?"

20년 넘게 돈에 대한 상담과 교육을 하면서, 또 돈에 대한 책을 읽고 생각하고 글을 쓰면서 두 가지 사실을 확실하게 알게 되었다.

첫째, '돈이 많아서 생기는 문제보다는 돈이 없어서 생기는 문제가 많다'는 것,

둘째, 많은 돈이 문제가 될 때 '문제의 핵심은 돈이 아니라 사람'이라는 사실이다.

돈 문제는 대부분 돈의 결핍에서 나온다. 돈이 많아서 발생할 수 있는 문제들도 분명히 있지만 돈이 많아서 생기는 문제보다 돈이 없어서 생기는 문제들이 더 많다. 그리고 돈이 있기 때문에 생기는 문제들, 상속 때문에 생기는 형제간의 불화, 돈 갈등으로 이혼하는 부부, 자녀들에게 가진 돈을 다 줘버리고 버림받은 부모의 안타까운 현실 등은 돈 자체가 문제가 아니라 돈을 다루는 지혜와 역량이 부족해서 생기는 문제들이다.

그러므로 문제의 해결책은 나쁜 돈을 비난하거나 돈에게 책임을 돌리는 것이 아니라 돈을 잘 다룰 수 있는 지혜와 지식과 마음의 힘을 기르는 것이다. 상속 문제는 분쟁이 생기지 않도록 미리 준비하면 된다. 부부 갈등은 돈의 심리를 서로 이해하고 소통하는 교육을 훈련받으면 줄일 수 있다. 버림받은 부모들은 자녀들에게 모든 것을 다

쥐버리는 것이 얼마나 위험한지 알려 주면 줄이거나 예방할 수 있다.


## 에피소드 둘, 부자가 착하면 안 되잖아요!

---

대기업 사회공헌 파트에서 근무하는 후배와 차 한잔하면서 이런저런 이야기를 나누다 부자들에 대한 이야기를 하게 되었다. 후배는 며칠 전 새로운 사회공헌 프로그램에 대해 의논하기 위해 부자들과 만나고 난 후 기분이 정말 나빴다며 툴툴거렸다.

"지난주에 기부 행사 관련해서 미팅을 하는데, 계속 기분이 나빠지는 거예요. 그 사람들 정말 돈 많은 부자들인데, 성격도 좋고 매너도 정말 좋은 거예요. 시간이 지날수록 정말 기분이 점점 안좋아지더라고요. 이건 아니잖아요. 돈이 많으면 불행하거나 성질이 더럽거나하고, 우리는 가난하지만 행복하고 착하고…. 머 그래야 공평한 것 아니에요?"

후배의 이야기를 들으며 서로 웃었지만 가만히 생각해 보면 평범한 사람들에게는 정말 기분 나쁜 이야기다. '돈도 많은데 사람도 좋다니!'

하지만 이게 현실이다. 기분 나쁠 수 있지만 불편한 진실이다. 돈이 많은 사람들 중에는 좋은 사람들이 아주 많고, 부자들 중에는 존경할 만한 사람들도 많다.

'흉년기에는 땅을 늘리지 말라' '과객을 후하게 대접하라' '주변 100리 안에는 굶는 사람이 없도록 하라'는 등의 육훈으로 유명한 경주 최부자, 제주도민을 살린 제주의 김만덕, 유한양행의 설립자 유일한 박사 등 우리 역사에도 자랑스러운 분들이 많고, 페이스북 설립자 마크 저커버그, 빌 게이츠, 워렌 버핏 등 크기를 가늠하기 힘든 기부와 나눔을 하는 부자들이 많다. 이들은 돈을 함부로 하지 않지만 돈보다 사람이 중요하고 돈보다 가치가 있는 일들이 많다는 것도 잘 알고 있다.

## 돈도 자기를 좋아하는 사람을 좋아한다

돈에 대한 부정적인 인식은 돈이 들어오는 길을 막는다. '부자'에 대한 부정적인 인식은 결정적인 순간에 나를 방해한다. '부자들은 나쁜 사람들이다' '그 사람은 스스로 노력해서 부자가 된 것은 아닐 거야' 등 부자에 대한 부정적인 생각들은 돈을 벌어야 할 때, 돈을 거부하게 만든다.

차 시동을 걸고 출발하기 위해 액셀을 밟을 때 사이드 브레이크를 풀지 않고 액셀을 밟는 것처럼, 맛난 고기를 먹으려고 하는데 다이어트하기로 아내와 굳게 한 약속이 떠오르는 것처럼 부자에 대한 부정적인 생각은 돈을 향해 나아가는 나를 방해하고 힘들게 한다.

'그렇게까지 해서 돈을 벌고 싶지는 않아.'

'돈은 결국 문제를 일으켜.'

'돈이 많다고 행복한 건 아니야.'

이런 생각들이 도전하는 나를 뒤에서 잡아끈다. 온 마음을 집중해 일과 사업에 몰입해야 하는데, 이런 생각들이 나를 방해한다. 그러니 생각을 바꾸자.

돈도 자기를 좋아하는 사람을 좋아한다. 돈을 소중하게 생각하고 어떻게 하면 함께할 수 있을지 고민할 때 돈에 대해 이해하게 되고 잘 벌고 지혜롭게 관리하여 효과적으로 불릴 수 있다.

'나는 행복한 부자가 된다.'
'나는 돈을 다룰 줄 아는 지혜로운 부자가 된다.'
'돈이 있으면 지금보다 훨씬 자유로운 삶을 살 수 있다.'
'돈이 있으면 더 많은 사람들을 도울 수 있다.'

이런 생각으로 바꾸자. 착한 부자들의 스토리를 찾아보고, 그들을 보며 그렇게 살기로 결심하고, 매일 아침 거울을 보면서 돈에 대한 나의 긍정적인 생각들을 소리 내어 외쳐보자. 옆에서 돈이 듣고 있다면 기분 좋은 미소를 지으며 찾아올 수 있게!

"돈아, 나는 네가 좋아. 그러니 나와 함께 멋진 인생을 만들어 보자!"

그리고 조용한 저녁이나 주말에는 사랑을 담뿍 담아 돈에게 연애 편지를 써보자.

# [행복한 부자되기 ②]
# 시간이 열매를 만든다

늘 단기적인 문제에 집중하는 사람이 있고, 장기적인 시간을 잃지 않는 사람이 있다. 돈을 벌고 쓰고 불리는 데도 시간에 대한 감각과 태도가 큰 영향을 미친다.

## 스티븐 코비의 시간 4분면

《성공하는 사람들의 7가지 습관》의 저자인 스티븐 코비는 시간의 4분면을 통해 성공하는 사람들의 우선순위에 대해 설명하고 있다.

긴급성과 중요성 두 가지 요소로 만든 매트릭스를 보면 각 4분면에 어떤 일이 들어갈지 쉽게 파악할 수 있다. 많은 사람들은 늘 긴급한 일을 처리하느라 늘 바쁘다. 중요하든 중요하지 않든 늘 긴급한 일에만 집중하는 사람은 하루하루가 늘 분주하다. 열심히 산 것 같은데 큰 변화는 없고 반복적인 일 속에 파묻혀 산다. 정말 열심히 산 것

|  | 긴급함 | 긴급하지 않음 |
|---|---|---|
| 중요함 | 위기, 급박한 문제, 기간이 정해진 프로젝트 | 예방, 생산능력 개선, 인간관계 구축, 기회 발굴, 중장기 목표, 비전 |
| 중요하지 않음 | 잡다한 업무 단계, 전화 응답, 빗발등의 불 | 시간낭비 |

같은데 특별히 이룬 것은 없다. 왜냐하면 늘 그때그때 필요한 일들을 처리하는데 모은 에너지를 다 써버렸기 때문이다.

　코비가 추천하는 스타일은 중요하지만 긴급하지 않은 일에 집중하는 것이다. 지금 당장 하지 않아도 되지만 삶에 큰 영향을 미치는 일들을 생각해 보자. 건강을 위해 매일 운동을 하는 것은 급한 일은 아니다. 탄수화물을 적게 먹고 야채를 많이 먹는 것은 중요하지만 지금 당장 하지 않는다고 환자가 되지는 않는다. 하지만 매우 중요하다. 매일 30분씩 책 읽기, 매일 블로그에 글쓰기 등 쌓이면 큰 변화를 만들어 내는 일들은 중요하지만 급하지는 않다. 그래서 급한 일들을 처리하느라 우선순위에서 밀리고, 나중에 급한 일이 되어서야 후회를 하게 된다.

　2사분면에 있는 일들을 중요하게 생각하고 실천하려면 미래를 구체적으로 그려보고 장기적인 관점을 유지할 수 있어야 한다. 우리가 잘 아는 〈마시멜로 이야기〉의 아이들처럼 현재에만 집중하는 사람들은 눈앞에 놓인 마시멜로를 먹어버리고 참으면 누릴 수 있는 더 큰 것을 포기한다. 공부를 하는 아이들은 지금 노는 것보다 미래에 하고 싶은 것을 생각하고 인내할 수 있어야 한다. 음식을 조절하고 운동을 하는 것은 미래에 건강이 얼마나 중요한지 알기 때문이다. 이런 모습들이 비슷한 현재의 삶에도 불구하고 미래의 차이를 만들어 낸다.

일, 소비, 저축, 투자도 장기적인 관점에서 중요한 것을 먼저 해나가야 한다.

가계부를 기록하는 것은 당장 급한 것이 아니다. 가계부를 작성한다고 당장 돈이 생기는 것도 아니고, 가계부를 쓴다고 지출이 확 주는 것도 아니다. 하지만 계속 써 나가다 보면 지출을 파악할 수 있고 소비를 통제할 수 있는 힘이 생기고 저축할 여력을 만들 수 있다.

지금 당장 10만원을 저축한다고 해서 삶이 변하는 것은 아니지만 10년 동안 꾸준히 10만원씩 투자를 한다면 그것은 큰 목돈을 만들어 낸다.

개인적으로 차이가 있겠지만 위 내용을 참고해서 2사분면에 들어갈 내용들을 구체적으로 정리해 보자. 지금 당장은 아니지만 계속 쌓이면 미래의 차이를 만들어 낼 수 있는 것들을 생각해 보자. 이렇게 평소 2사분면에 집중해야 경제적 자유를 만들어 낼 수 있다.

긴급함      긴급하지 않음

중요함

1      2

중요하지 않음

3      4

| 항목 | 내용 |
|------|------|
| 벌기 | 자기계발, 책 읽기, 블로그, SNS, 시장개발 |
| 쓰기 | 가계부, 카드 사용내역 정리, 낭비요소 파악 |
| 불리기 | 적립식 투자, 금융경제 학습, 재테크 강의 |
| 나누기 | 소액 정기기부, 주위 돌아보기, 관계 강화 |

## 투자, 장기적인 관점을 유지해야 한다

'불리기'를 다루는 장에서 장기투자에 대해 이야기했지만 여기에서
다시 한 번 더 강조하려고 한다.

주식투자, 펀드투자, 부동산투자, 달러투자 등을 할 때 단기적으로
승부를 보려고 하면 늘 투기가 되고 실패를 맛볼 가능성이 높아진다.
장기적으로 보고 오랜 시간 동안 고민하면서 투자할 때 실패 가능성

을 줄이고 시간이 허락하는 열매를 맛볼 수 있다.

매월 적립식으로 주식이나 펀드를 10년, 20년 투자하면 손실을 볼 가능성은 떨어지고 복리수익을 통해 자산을 불릴 수 있다. 부동산도 단기적으로 투자하면 위험하다. 도시계발계획을 보면서 장기적인 관점에서 어떤 지역이 성장할지 보면서 투자를 해야지, 당장 올라가는 지역에 잘못 발을 담그면 돈이 묶이는 낭패를 보게 된다.

최근 이슈가 되고 있는 달러자산도 마찬가지다. 은행에서 달러 예·적금을 가입하든, 해외 주식이나 보험을 가입하든 장기적으로 보고 투자해야 성과를 보고 달러자산이 가진 상대적인 장점을 활용할 수 있는데, 단기적으로 달러의 오르내림을 보면서 수익을 얻으려고 투자하는 것은 높은 수수료와 변동성을 생각해 볼 때 정말 어리석은 방법이다.

## 급하지 않지만 중요한 부자되는 습관들

감사일기 쓰기, 매일 꿈과 목표 기록하기, 하루의 지출내역 기록하기 등 무언가를 기록하는 것을 지속하면 변화가 생긴다. 아침에 하루를 시작하면서 시간을 가져도 좋고, 하루를 마무리하면서 감사일기를 쓰거나 하루의 지출내역을 기록하는 것도 좋다. 삶이 끝나는 날까지 계속 집중해야 할 몇 가지 일들을 적어보고 계속 체크해 나가자. 몸이 좋아지고 관계가 좋아지고 통장 상황이 좋아지는 경험을 하게 될 것이다.

내 나이 쉰이 넘어 깊이 반성하고 있는 것은 20년 전에, 30년 전에 내가 오십이 될 것이라는 것을 제대로 인식하지 못했고, 예순과 일흔이 되어서도 먹고 살기 위해 일하면서 살아야 한다는 사실을 깨닫지 못했다는 것이다. 20~30년이 지났을 때 또 다시 후회하고 반성하지 않으려면 지금이라도 남은 50년을 제대로 살기 위해 장기적인 관점에서 돈을 다루어야 한다는 사실이다.

한 번뿐인 인생, 지금의 나도 중요하지만 20년 후, 30년 후의 내 인생도 중요하다. 지금 30대 젊은이들에게 던지고 싶은 돌직구는 '지금 30년 후를 생각하지 않으면 100% 후회할 것'이라는 말이다.

지나놓고 보면 언제 그 시간들이 지나갔나 싶다. 돈을 벌기 시작했던 20대 때, 아이들이 어렸던 30대 초반에 50대 중반의 삶을 생각했다면 지금과는 다른 선택들을 했을지도 모른다. 다만 지금은 30년 뒤의 삶이 조금은 다르기를 기대한다.

'시간이 열매를 만들고, 시간이 기적을 만든다.'

평생 기억해야 할 멋진 말이다.

# [행복한 부자되기 ③]
# 분명 잘 되겠지만, 쉽진 않을 거야!

세상을 낙관적인 태도로 사는 것은 추천할 만한 일이지만 근거 없는 막연한 낙관주의는 위험하다. 만만찮은 세상을 살아갈 때 막연한 낙관주의, 긍정적인 사고의 위험을 알려주는 스톡데일 장군의 인터뷰를 살펴보자.

## 스톡데일 패러독스

스톡데일 장군은 베트남 전쟁 중 포로가 되어 1965년부터 1973년까지 8년이라는 긴 수용소 생활 동안 모진 고문을 견디고 살아 돌아와 미국에서 전쟁영웅으로 대접받는 사람이다.

　짐 콜린스는 명저 《좋은 기업을 넘어 위대한 기업으로》라는 책에서 근거 없는 낙관주의와 합리적 낙관주의를 구분하면서 스톡데일 장군과의 인터뷰를 소개한다.

짐 콜린스는 이렇게 묻는다.

"오랜 포로생활을 견디지 못하고 가장 먼저 사망한 사람은 누구였습니까?"

스톡데일 장군은 의외의 대답을 한다.

"낙관주의자죠."

그의 말에 따르면 낙관주의자는 '크리스마스가 오면 나갈 수 있을 거야'라고 막연한 기대를 가지고 있다가 크리스마스가 그냥 지나가고 나면 실망한다. 그리고 또다시 '부활절이 되면 나갈 수 있을 거야'라는 근거 없는 희망을 가지고 있다가 그 희망이 절망으로 바뀌는 것을 견디지 못하고 먼저 죽어 나갔다. 아무런 희망과 기대도 없이 지내던 비관주의자보다 훨씬 더 큰 절망과 공포 속에서 먼저 죽어간 사람들이 근거 없는 낙관주의자, 무모한 낙관주의자였다.

스톡데일 장군 역시 "나는 한 번도 희망을 버린 적이 없습니다"라고 말한다. 하지만 그는 막연한 낙관주의자가 아니라 합리적인 낙관주의자, 냉혹한 현실을 명확하게 인식했던 낙관주의자였다. 그는 언젠가 전쟁이 끝나고 풀려나게 될 것이라는 확고한 믿음을 가지고 있었지만, 쉽게 풀려나지 못할 것이라는 현실의 냉혹함에 대해서도 분명히 인식하고 있었다. 그래서 그는 긴 포로생활을 견디기 위해 구체적인 행동들을 했고 스스로와 부하들을 지켰다.

포로생활 중 가장 견디기 힘든 것은 외로움이었다. 독방에 갇혀 있는 외로움을 견디기 위해 스톡데일 장군은 포로들끼리 말이나 글이 아니라 두드리는 소리를 통해 소통할 수 있는 방법을 만들어 냈다. 그리고 고문을 견디지 못하면 살아남을 수 없기 때문에 고문을 받을 때 대처하는 방법, 어느 정도만 정보를 밝히고 어느 정도까지는 견디는 것이 좋은지에 대한 지침을 만들었다. 그리고 고된 수용소 생활을 견디기 위해 육체적 운동도 쉬지 않았다. 그런 과정을 통해 힘든 포로생활을 견딜 수 있었다. 짐 콜린스가 정리한 스톡데일 장군의 메시지는 이것이다.

"우리는 크리스마스까지는 나가지 못할 것입니다. 그것에 대비하세요."

지금 투자를 시작할 수도 있고, 자산을 안전자산에 옮겨 두고 기회를 기다릴 수도 있고, 적절한 포트폴리오 변경 후 투자를 지속해 나갈 수도 있다. 시간이 흐르고 나면 어떤 선택이 바람직한 것이었는지 역사가 말해줄 것이다. 어떤 결정을 하든 현 시점에서 중요한 것은 '시장의 위기는 항상 극복돼 왔다'는 역사적 교훈과 '짧은 시간에 간단하게 위기가 극복되지는 않을 것'이라는 현실 인식에서 우러나오는 합리적 낙관주의를 견지하는 것이다.

우리는 스톡데일 장군이 긴 포로생활 속에서 낙관주의를 버리지 않으면서도 고통을 견뎌내기 위해 구체적 준비를 지속해 나갔던 태도를 배워야 한다. 만만찮을 미래를 대비해 부채를 줄이고, 경직된 재무구조의 유연성을 높이고, 지출의 우선순위를 살펴 합리적 소비자가 되는 노력들을 지속해 나가야 한다. 그리고 그럼에도 불구하고 시간이 만들어 내는 열매와 기적에 대한 낙관적 태도를 견지해 나가야 한다.

## 대책 없는 낙관주의에서 벗어나라

"괜찮아, 설마 불이 나겠어?"

"설마 그렇게 큰 배가 무슨 일 있겠어?"

"너무 걱정하지 마, 괜찮을 거야."

위험에 대해 문제제기를 할 때 이런 피드백을 하는 경우가 많다. 물론 근거는 없다. 그냥 괜찮을 거라고 한다. 이런 근거 없는 낙관에 기초한 안전불감증 때문에 수많은 사고가 발생한다. 돈 문제에 대한 낙관주의도 문제를 일으킨다.

"이 정도 마이너스는 괜찮을 거야."

"이 정도는 곧 갚을 수 있을 거야. 이번에 승진하면 다 괜찮아."

"곧 더 많이 벌 수 있을 거야. 경기가 계속 어렵기만 하겠어?"

이러한 다양한 형태의 근거 없는 낙관이 위험에 대비하는 것을 막는다. 그러다 카드가 연체되고, 사채를 쓰게 되고, 신용불량자가 되는 것이다.

'저축은 하고 있는가?'

'버는 것보다 적게 쓰고 있는가?'

'길고 긴 노후를 준비하고 있는가?'

저축을 하지 않는 이유, 버는 돈보다 많이 쓰면서 카드빚을 키우는 이유, 매번 후회하면서도 할부로 물건을 구입하는 이유는 '곧 잘될 거야' '어떻게 되겠지!'라는 막연한 생각이 나를 이끌기 때문이다.

상황을 긍정적으로 바라보는 것과 막연한 낙관주의는 다르다. YOLO를 외치면서 해외여행을 다녀올 수 있다. 하지만 그 이후에 무엇이 우리를 기다리고 있는지 알고 가야 한다.

대책 없는 낙관주의는 안전불감증이 불러오는 불행에 우리를 노출시킨다. 어떤 위험이 있고 그 위험이 현실화되었을 때 우리가 어떤 상황에 처하게 되는지 구체적으로 생각해 봐야 한다.

누구나 경제적 위기에 처할 수 있다. 장밋빛 계획이 어긋나고 상황이 악화되고 믿었던 동료의 배신을 경험하기도 한다. 이럴 때 도움이 되는 것은 무엇일까?

때론 사람이, 때론 저축이, 때론 보험이 그런 도움을 준다. 행운과 기회는 지금보다 더 어려운 상황이 올 수 있다는 상황을 인식하고 준비하는 사람에게 더 자주 온다는 사실을 기억하자.

스톡데일 장군이 지금 우리에게 이렇게 말하는 것 같다.

"미안하지만 당신은 지금보다 더 어려워질 수 있습니다. 그것에 대비하십시오!"

# [행복한 부자되기 ④]
# 머니 컴포트 존을 벗어나라

"배는 항구에 있을 때 가장 안전하다. 하지만 그것이 배의 존재 이유는 아니다." - J. W. Goethe

배는 항구에 있을 때 안전하고, 사람 역시 익숙하고 편안하고 위험이 없는 곳이 안전하다. 하지만 안전한 곳에 계속 머물러 있는 것은 또 다른 문제를 만들어 낸다.

컴포트 존(Comfort Zone)이라는 단어를 생각해 보자. 사람들이 각자 안전하다고 여기는 심리적 공간을 말한다. 비슷비슷하게 돈을 버는 사람들의 모임, 비슷비슷하게 돈을 쓰는 사람들의 모임, 비슷한 학력과 자산 규모를 가진 사람들끼리의 모임이 안전하고 편하다. 지나치게 돈을 많이 벌어 괜히 내가 왜소해지는 친구도 싫고, 대기업에 다닌다고 늘 회사 얘기만 하는 친구도 불편하다.

이처럼 사람들은 누구나 자신만의 컴포트 존에서 벗어나지 않으려고 한다. 성공한 사람은 성공하는 사람들의 라이프 스타일이 있고, 고만고만한 사람은 그냥 계속 그렇게 살려는 마음이 있다. 개천에서는 용이 잘 나지 않고, 판사의 집안에서 판사가, 의사의 집안에서 의사가 탄생한다. 이렇다 보니 가난한 환경에서 태어난 사람들은 가난하게 생을 마감하기 쉽다. 그래서 변화를 만들어 내려면 스스로 컴포트 존을 벗어나야 한다.

## 당신의 머니 컴포트 존은?

사람들은 누구나 자신만의 머니 컴포트 존(Money Comfort Zone)이 존재한다. 수입, 재산, 사는 지역, 사회적 지위, 학력 등의 객관적인 요소들과 소비습관, 투자습관, 삶에 대한 태도 등의 주관적인 요소들이 머니 컴포트 존을 만들어 낸다.

동기들과 모임을 하다 보면 두 가지 부류의 친구들이 있다.

"성진아, 이제 우리 좀 괜찮은 것 먹고 좋은 데서 모임해도 될 나이잖아! 언제까지 삼겹살 먹어야 되냐?"라는 친구가 있고, "성진아, 이제 어려운 친구들도 있고 하니 왠만하면 비싸지 않은 데서 편하게 모이자"는 친구도 있다.

모두 같은 학교를 나온 친구들이지만 머니 컴포트 존이 서로 다르다 보니 친구들은 시간이 가면 갈수록 서로 불편해지기도 한다.

'친구들이 모여 식사를 하면 어떤 식당, 어떤 가격대가 편한가?'

'여름 휴가로 여행을 간다면 국내여행과 해외여행 중 주로 어디로 가는가?'

'당신은 계산할 때 신용카드로 본인이 계산하는 게 편한가, 아니면

더치페이가 편한가?'

　'당신은 어떤 멤버십을 가지고 있고, 여가시간에는 주로 무엇을 하면서 보내는가?'

　'당신은 어떤 차를 타고 다니는가?'


　시골에서 태어나 나름 성공해 '개천에서 용 났다'는 소리를 듣는 사람들은 서울에서 비슷한 사람들과 비슷비슷한 소비를 하는 모임과 공간이 편안하다. 그런데 어쩌다 고향에 내려갈 때면 늘 신경이 쓰인다. 큰 차 탄다고 한마디씩 하고, 강남에 산다고 한마디씩 하고, 비싼 선물 사왔다고 한마디씩 한다. 반대도 마찬가지다. 형제들이 다 성공해서 잘 사는데, 혼자 가난하면 명절이 늘 불편하기 마련이다.


## 경제적 자유를 위해 안전지대를 벗어나라

변화를 원하는가? 지금 내가 하고 있는 벌고 쓰고 불리고 나누는 현실에서 벗어나고 싶은가?

　경제적으로 좀 더 다른 삶을 살고 싶다면 안전지대를 벗어나야 한다. 하지만 변화에는 늘 장애물이 있기 마련이다. 투자를 전혀 하지 않고 안전한 은행 예·적금만 이용하던 사람들은 투자에 대한 두려움을 극복하기 힘들다. 늘 주위에 베풀기만 해온 사람들은 작은 것을 아끼는 것에 대한 냉소주의를 극복하기 힘들고, 경제적으로 여유가 있는 사람들은 지출을 일일이 기록하고 점검하는 궁상맞음이 싫다.

자전거를 배우려면 자전거를 타다가 넘어져 봐야 하고, 골프를 잘 치려면 골프공을 잃어버려 봐야 한다. 넘어지는 것이 두려워 자전거에 올라타지 않으면, 골프공을 잃어버리는 것이 아까워 골프채를 휘두르지 않으면 아무 일도 생기지 않는다.

수많은 심리적인 문제가 우리를 안전지대에 묶어둔다. 하지만 안전지대를 벗어나지 않으면 변화는 일어나지 않는다. 아무것도 하지 않으면 아무 일도 생기지 않는다. 그러니 은행에 저축만 했다면 투자를 해보고, 신용카드로 신나게 살아왔다면 신용카드를 잘라버리고 현금으로 지출해 보고, 가계부를 기록하지 않았다면 가계부 앱이라도 사용해 봐야 한다. 그래야 통장 잔고가 변하고 자산이 늘어난다.

지금 상황에서 벗어나고 싶다면, 경제적 자유를 획득하고 싶다면, 행복한 부자가 되고 싶다면 컴포트 존을 벗어나야 한다. 앞에서 살펴본 Part 2의 내용들이 바로 우리가 머니 컴포트 존을 벗어나기 위해 해야 할 생각과 행동들이다. 변화를 만들어 내는데, 컴포트 존을 벗어나는데 도움이 되기를 바란다.

| 컴포트 존을 벗어나는 방법 | |
|---|---|
| 벌기 | 쓰기 |
| 아르바이트,<br>취미로 수입 만들기,<br>새벽에 자기계발하기 | 신용카드 쓰지 않기,<br>지출 기록하기,<br>외식 줄이고 집에서 식사하기 |
| 불리기 | 나누기 |
| 주식·펀드 투자 시작하기<br>부동산 투자설명회 가보기<br>적립식투자 시작하기 | 정기적인 기부<br>봉사활동<br>힘든 친구 밥 사주기 |

# [행복한 부자되기 ⑤]
# 그럼에도 불구하고 감사하자

우리 주변을 둘러보면 부자가 되는 방법, 부의 비밀, 부자가 되는 법칙 등을 알려주는 책과 강의들이 의외로 많다. 그 내용들은 대부분 돈을 잘 아끼는 방법, 투자수익률을 높이는 방법, 돈을 버는 사업을 찾고 운영하는 노하우 등으로 '어떻게 하면 돈을 더 많이 더 빨리 늘릴 수 있을까?'에 대한 답변들이다. 하지만 우리가 원하는 부자는 단순히 돈을 많이 버는 부자만은 아니다. 이렇게 질문을 해보자.

'행복한 부자가 되는 방법은 무엇일까?'

좀 생뚱맞게 느껴질 수 있지만 행복한 부자가 되는 가장 확실한 방법은 '감사일기를 쓰는 것'이다. 감사일기를 쓰면 지금보다 훨씬 더 행복한 부자가 될 수 있다. 사실일까?

## 감사일기

감사일기란 매일 하루에 있었던 감사한 일들을 몇 가지씩 구체적으로 적어보는 일기를 말한다. 감사일기는 긍정심리학에서 사용하는 가장 대표적인 긍정성 강화 습관 만들기 중 하나로, 많은 사람들이 실천하고 있고 효과를 보고 있는 방법이다.

감사일기의 효과를 증명해 주는 대표적인 사례는 미국의 유명 방송인인 오프라 윈프리다. 흑인인 그녀는 인종차별이 심했던 남부의 미시시피주에서 태어났고, 어릴 때 성폭행을 당했고, 14세에 미숙아 출산과 동시에 미혼모가 되었고, 출산한 아이는 2주 만에 죽었다. 담담하게 이야기하기 힘든 이 불행들 이후에도 그녀는 가출과 마약 복용으로 힘든 세월을 보냈다. 그랬던 그녀가 미국을 움직이는 가장 영향력 있는 여성 중 한 명이 된 힘이 무엇일까? 이런 질문에 대해 오프라 윈프리는 '감사일기'를 쓰는 습관이 큰 힘이 되었고 말한다.

그녀는 저서 《내가 확실히 아는 것들》에서 감사일기의 힘에 대해 이렇게 말하고 있다.

"감사하게 되면 내가 처한 상황을 객관적으로 바라보게 된다. 그뿐만 아니라 어떤 상황이라도 바꿀 수 있다. 감사한 마음을 가지면 당신의 주파수가 변하고 부정적 에너지가 긍정적 에너지로 바뀐다. 감사하는 것이야말로 당신의 일상을 바꿀 수 있는 가장 빠르고 쉬우며 강력한 방법이라고 나는 확신한다."

긍정심리학의 창시자 마틴 셀리그만도 감사일기의 효과를 이렇게 인정한다.

"그날 감사한 일 3가지와 그 이유에 대해 적는 것이 관심을 긍정적인 쪽으로 환기시켜 준다고 믿습니다. 일반적으로 우리의 관심은 불균형적으로 부정적인 측면에 기울어져 있습니다."

감사일기는 부정적인 감정을 갖기 쉬운 우리가 균형을 찾을 수 있도록 도와준다. MBC 다큐멘터리 〈행복〉에서는 단 일주일 만에 우울증을 감소시키고 행복감을 증가시키는 감사일기의 힘을 실험 결과를 통해 보여준다.

감사일기를 쓰고 행복감이 증대되면 어떤 일이 생길까? 감사일기를 쓰고 긍정성이 강화되면 돈과 관련되어 어떤 변화가 일어날까?

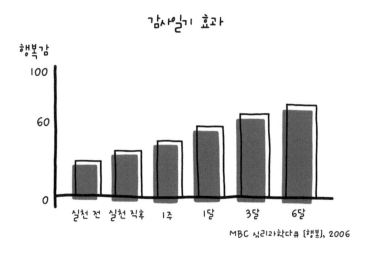

MBC 심리과학다큐 [행복], 2006

돈을 더 벌 수 있고, 쓸데없는 곳에 소비하지 않고, 위험하고 충동적인 투자를 하지 않고, 대책 없이 퍼주지 않을 수 있다면 감사일기는 써볼 만하지 않을까? 구체적으로 그 이유와 근거를 살펴보자.

## 감사일기는 당신의 돈을 지켜준다

감사를 통해 행복감이 증대되고 상황을 긍정적으로 바라보기 시작하면 얼굴 표정이 바뀌고 관계가 변화된다. 누구나 찡그린 사람보다 웃는 사람을 좋아하고 일도 같이 하고 싶어 한다. 어떤 일을 하는 사람이든 웃는 얼굴이 찡그린 얼굴보다 돈을 더 끌어들인다. 상대를 웃게 하고 유쾌한 분위기를 만들면 거래 성사 가능성도 높아진다. 웃으면서 일하는 사람이 승진할 가능성도 더 높다. 즉, 감사는 돈을 더 벌게 할 가능성을 확실하게 높이는 방법이다.

그리고 감사일기를 쓰면 행복감이 증가하고 전두엽이 강화되어 쇼핑중독에 빠지지 않고 충동구매 욕구를 이길 수 있다. 스트레스를 받으면 쇼핑을 하고 싶고, 화가 나면 돈을 쓰게 되고, 그 소비가 또 스트레스를 불러오는 악순환을 막으려면 긍정성을 강화하고 행복감을 높이면 된다. 이에 대한 가장 좋은 방법 중 하나가 감사일기다.

조금만 이성적으로 생각하면 말도 안 되는 곳에 투자해 힘들어 하는 사람들, 사기꾼의 사탕발림에 속아 돈을 날린 사람들, 무모한 다단계사업에 뛰어들었다 돈만 날리고 후회하는 사람들이 의외로 많다. 그들이 우리보다 엄청나게 멍청하거나 욕심이 많아서 그렇게 되

| 감사일기의 경제적 효과 | |
|---|---|
| 항목 | 내용 |
| 벌기 | 긍정적인 사람이 승진하고 장사도 잘된다. |
| 쓰기 | 감정소비를 줄이고 충동구매를 줄인다. |
| 불리기 | 전두엽을 강화하여 판단력을 키워주기 때문에 투자 실패를 줄인다. |
| 나누기 | 감정적인 퍼주기를 줄이고 지혜롭게 나눌 수 있다. |

었다고 생각하기 쉽지만, 그들도 시간이 조금 지나면 자신이 왜 그렇게 멍청한 일을 했는지 이해가 안 된다고 말한다. 이는 자신을 통제할 수 있는 힘이 없어서 발생하는 사건이기 때문이다. 이 힘을 키우는 좋은 방법이 바로 감사일기다.

누군가 우리에게 돈이 필요하다고 찾아올 때도 긍정의 힘은 긍정적으로 작용한다. 과연 돈을 빌리러 온 사람에게 돈을 빌려주는 것이 그 사람에게 도움이 될 것인지, 아니면 의존성을 더 키워 위험이 더 커지게 만드는 것인지 상황을 잘 볼 수 있어야 한다. 이때 필요한 것이 긍정성을 통해 건강해진 전두엽의 역할이고, 역시 좋은 방법은 감사일기를 통해 긍정성을 키우는 것이다.


## 부자되는 감사일기 쓰기

감사일기를 쓰는 방법은 아주 간단하게 이렇게 정리할 수 있다.

첫째, 한 줄이라도 좋으니 매일 쓴다.

둘재, 매일 3가지 이상의 감사일기를 쓴다

셋째, 구체적으로 감사의 이유를 적는다.

넷째, '때문에'가 아니라 '덕분에'라고 쓴다.

다섯째, 모든 문장을 '감사합니다'로 마무리한다.

그리고 행복하게 부자되는 감사일기는 여기에 하나를 덧붙인다.

여섯째, 매일 하는 3가지 이상의 감사 중에서 하나는 의도적으로 돈과 관련된 감사일기를 써보는 것이다.

'오랫동안 저축했던 적금이 오늘 만기가 되어 찾을 수 있어서 감사합니다.'

'오늘 열심히 강의를 마치고 난 후, 다음 강의도 부탁드린다는 말을 들을 수 있어 너무 감사합니다.'

'지각하지 않으려고 평소 자주 이용했던 택시를 타지 않고 지하철을 이용해 택시비를 절약할 수 있어서 감사합니다.'

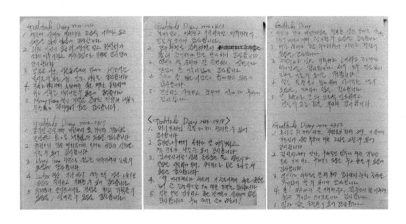

이런 감사일기를 계속 적다 보면 자신이 하는 일에 대해, 돈을 절약하고 저축할 수 있는 것에 대해 감사하게 되고 이런 감사를 반복하다 보면 돈에 대한 마음의 근력이 생긴다.

행복으로 가는 중요한 습관인 '감사일기', 이제 단순히 행복이 아니라 행복한 부자가 되는 방법으로 활용해 보기를 바란다.

# 나를 만드는 리추얼

## Q ———

당신은 성공과 행복을 위해 매일 반복하는 것은 무엇인가요?

그것을 지속하면 어떤 변화가 기대되나요?

당신이 경제적 자유를 얻기 위해 무언가를 지속해야 한다면 가장 먼

저 해야 할 일은 무엇인가요?

## A ———

--------------------------------------------------------

--------------------------------------------------------

--------------------------------------------------------

--------------------------------------------------------

--------------------------------------------------------

## 부자들의 리추얼

리추얼(ritual)이란 종교상의 의례, 규칙적으로 행하는 의식과 같은 일을 말한다. 부자들, 성공한 사람들은 저마다 하루를 시작하고 하루를 마감하는 리추얼들을 가지고 있다고 한다. 매일 다가오는 하루하루를 그냥 흘려보내지 않고 소중한 무언가를 맞이하고 흘려보내는 의식과 마인드를 가지고 있는 것이다.

페이스북 CEO인 마크 저커버그는 "모든 일을 하는 데는 에너지가 필요하다. 몸 상태가 좋아지면 더 많은 에너지를 얻을 수 있다."며 최소한 일주일에 3일은 하루의 첫 일과를 운동으로 시작한다고 말한다. 운동은 우리 몸의 뇌 기능을 켜는 스위치 같은 역할을 하기 때문에 성공한 사람들 중에는 아침을 운동으로 여는 사람들이 많다.

워렌 버핏은 "나는 아침에 일어나 사무실에 나가면 자리에 앉아 책을 읽는다. 읽은 다음 여덟 시간 일을 하고 책을 읽으며 잠을 청한다."라고 말한다. 이처럼 세계 최고의 부자 워렌 버핏은 책을 읽으며 하루를 열고 책과 함께 하루를 접는다.

세계적인 베스트셀러 《타이탄의 도구들》의 저자 팀 패리스는 수많은 거인들과의 인터뷰를 통해 발견한 '승리하는 아침을 만드는 5가지 의식'을 소개한다. 그것은 '잠자리를 정리하기' '명상' '한 동작을 10~15분 반복하기' '차 마시기' '아침 일기 쓰기' 등이다. 거인들은 매일 반복적으로 이런 의식을 통해 하루를 즐겁고 활기차게 시작한다.

아침형 인간 열풍을 다시 불러온 책 《미라클 모닝》의 저자 할 엘로

드는 "여러 가지 시작 중에 우리에게 가장 중요한 시작은 하루의 시작이다"라며 하루를 힘차게 시작하기 위한 방법과 리추얼들을 소개한다.

부자들과 성공한 사람들의 리추얼을 크게 구분하면 3가지 정도로 정리해 볼 수 있다.

첫째, 아침을 여유 있게 맞이하기

구체적인 방법들은 다양하다. 가벼운 운동, 하루를 시작하기 전에 마음을 정리하는 명상, 차 한잔과 함께 하루 일과 준비하기 등으로 다양하지만, 공통점은 아침을 여유 있게, 즐겁게 시작하는 리추얼을 실천하는 사람들이 많다는 것이다.

둘째, 기록하는 시간 갖기

기록하는 내용은 여러 가지다. 하루 일과를 정리하기도 하고, 하루를 마무리하면서 감사일기를 적기도 한다. 잠자리에 들기 전 내일 할 일을 미리 계획하는 시간을 갖기도 한다. 기록은 기억보다 강하고, 기록은 하루를 정리하고 내일의 방향을 잡는데 도움을 준다.

셋째, 책 읽기

너무나 바쁜 사람들이라 책 읽을 시간이 없는 사람들이 대부분이다. 하지만 부자들은 대부분 시간을 내서 일정한 시간을 독서에 투자한다. 독서를 통해 통찰력을 얻고 독서에서 일과 삶의 의미와 방향성을 찾는다.

오늘의 우리는 매일 반복하는 무언가의 결과물이다. 일과 삶에 변화가 필요하다면 당신만의 의미 있는 리추얼을 개발하고 매일 반복하라.

# 머니 프레임과 함께 새로운 시작을

돈에 대한 생각, 태도, 심리 등을 다루는 책을 쓰겠다고 처음 자판을 두드린 것이 2016년이었는데, 4년 만에 《머니 프레임, 돈을 바라보는 새로운 관점》이란 책으로 독자들을 만나게 되었다. 원고를 70% 이상 써 놓고도 '누가 이 따위 책을 읽겠느냐'며 스스로 뒤집은 것이 몇 번이고, 까칠한 편집자에게 까인 것도 몇 번이다. 그렇게 나온 이 책이 참 고맙고, 출간까지 도움을 준 많은 분들이 참 고맙다.

이 책은 두 가지 측면에서 새로운 시작이었으면 좋겠다.

저자로서 나는 이제 '머니 프레임'을 세상에 알리고, 건강한 머니 프레임을 가질 수 있도록 코칭하고, 머니 코치들을 양성하는 새로운 일을 시작하려고 한다. 출간 전에 이미 시작된 〈당신의 머니 프레임을 바꾸는 21일간의 질문여행〉이 높은 참여도와 감동 속에서 잘 마무리되는 것을 보면서 '더 많은 사람들과 함께할 수 있는 기회를 만들어야겠다'는 행복한 결심을 했다. 더 많은 사람들이 자신의 머니 프레임을 이해할 수 있도록, 그리고 나 외에 또 다른 전문가들이 머니 프레임을 널리 알리고 코칭할 수 있도록 다양한 과정을 진행해 보려고 한다.

그리고 이 책을 읽은 독자들은 또 다른 의미에서 새로운 시작이기를 기도한다. 이 책을 시작으로 '경제적 자유'를 만들어 가는 멋진 여행을 시작하기를 권한다. 더 벌고, 지혜롭게 쓰고, 효과적으로 불리고, 적절하게 나누는 삶에 도움이 되었으면 좋겠다. 이 책을 만난 것을 시작으로 다양한 돈 공부 과정에서 만날 수 있기를 기대한다.

꿈과 기대로 시작했던 2020년, 예기치 않은 위기로 참 만만찮은 날들이 계속되고 있다. 하지만 우리는 지금까지 그랬던 것처럼 잘 극복할 것이다. 새로운 세상에서 더 멋진 삶, 더 아름다운 공동체를 만들어 갈 것이다. 이 책을 통해 나, 그리고 독자들 모두 위기 극복의 주인공이 되었으면 좋겠다.

## 참고서적

《2000년 이후, 한국의 신흥 부자들》 홍지안, 트러스트북스, 2018년

《90일 완성 돈 버는 평생 습관》 요코야마 미츠아키 저, 정세영 역, 걷는나무, 2017년

《감사하면 달라지는 것들》 제니스 캐플런 저, 김은경 역, 위너스북, 2016년

《기브 앤 테이크》 애덤 그랜트 저, 윤태준 역, 생각연구소, 2013년

《나는 왜 이 일을 하는가?》 사이먼 사이넥 저, 이영민 역, 타임비즈, 2013년

《내가 확실히 아는 것들》 오프라 윈프리 저, 송연수 역, 북하우스, 2014년

《네 개의 통장》 고경호, 다산북스, 2018년

《드라이브》 다니엘 핑크 저, 김주환 역, 청림출판, 2011년

《마틴 셀리그만의 긍정심리학》 마틴 셀리그만 저, 물푸레, 2014년

《레미제라블》 빅토르 위고, 민음사, 2012년

《머니》 토니 로빈스(앤서니 라빈스), RHK, 2015년

《머니 패턴》 이요셉, 김채송화, 비즈니스북스, 2019년

《보물지도》 모치즈키 도시타카 저, 은영미 역, 나라원, 2017년

《성공하는 사람들의 7가지 습관》 스티븐 코비 저, 김경섭 역, 김영사, 2017년

《왜 주식인가》 존 리, 이콘, 2012년

《원씽(THE ONE THING)》 게리 켈러, 제이 파파산 저, 구세희 역, 비즈니스북스, 2013년

《재무심리에 답이 있다》 정우식, 트러스트북스, 2014년

《좋은 기업을 넘어 위대한 기업으로》 짐 콜린스 저, 이무열 역, 김영사, 2002년

《지혜의 심리학》 김경일, 진성북스, 2017년

《코끼리는 생각하지 마》 조지 레이코프 저, 유나영 역, 나익주 감수, 와이즈베리, 2015년

《크리스마스 캐럴》찰스 디킨스, 펭귄클래식코리아, 2017년

《트렌드 코리아 2018》김난도 외, 미래의창, 2017년

《프레임》최인철, 21세기북스, 2016년

《프레임 전쟁》조지 레이코프, 창비, 2007년

《한국의 젊은 부자들》이신영, 메이븐, 2017년

《행복한 머니 코칭》데보라 프라이스 저, 설기문 역, 나라원, 2010년

《흔들리지 않는 돈의 법칙》토니 로빈스(앤서니 라빈스) 저, 박슬라 역, 정철진 감수, RHK, 2018년

〈회년은행 재무상담사 양성과정 교재〉회년은행, 2019. 5. 11

'돈의 감각'을 깨우는 네 가지 부의 공식

## 머니 프레임, 돈을 바라보는 새로운 관점

초판 1쇄 발행 2020년 5월 30일
초판 3쇄 발행 2022년 6월 20일

지은이  신성진
펴낸이  백광옥
펴낸곳  ㈜천그루숲
등  록  2016년 8월 24일 제2016-000049호

주  소  (06990) 서울시 동작구 동작대로29길 119
전  화  0507-1418-0784          팩  스  050-4022-0784
이메일  ilove784@gmail.com      카카오톡  천그루숲

홍보/마케팅 백지수
인쇄 예림인쇄  제책 예림바인딩

ISBN 979-11-88348-65-7 (13320)  종이책
ISBN 979-11-88348-66-4 (15320)  전자책

이 도서의 국립중앙도서관 출판예정도서목록(CIP)은 서지정보유통지원시스템 홈페이지(http://seoji.nl.go.kr)와 국
가자료공동목록시스템(http://www.nl.go.kr/kolisnet)에서 이용하실 수 있습니다.
(CIP제어번호 : CIP2020020011)